U0079024

普 天 之 下 ・ 盡 是 好 書

普天
出版家族
Popular Press Family

凌雲
A-Plus Creative Company
文創

明朝實在很爆笑全集

史上最八卦、最麻辣的明朝正史

In fect, Ming is Interesting

《明朝其實很有趣》全新精修典藏版

下卷

霧滿攔江——著

帝國異變·寂寞終曲

大明王朝，十三位傑出狠厲或淒慘平庸的統治者，一段既混亂也輝煌的複雜歷史。
漫漫兩百多年間，有人格分裂或者娘娘腔的帝王、連皇上都害怕的凶悍小保母、
長命百歲的奸臣、死於非命的忠臣、一蹴而就的爆發戶、
懷抱空想主義的民主鬥士……

各種千奇百怪的人物，交織成一張撲朔迷離的大網，將整個朝代包裹其中，反倒令人難窺全貌。
試問，這究竟是個什麼樣的王朝？
且看霧滿攔江再展煮酒論史的不凡筆力，縱橫捭闔，嘻笑怒罵，
透過對歷史事件的嶄新解釋，輔以對帝王、臣子、百姓的精確剖析，
為你重現中國最後一個漢人王朝的鮮活面貌。

◆出版序◆

八卦又麻辣，這就是明朝！

十三位各帶變態基因的帝王一字排開，十三段各有千秋的紛亂歷史，只怕你不看，不怕你看不出趣味來。真的，明朝其實很有趣。

大明，中國最後一個漢族王朝。

它既不像漢朝、唐朝那樣光輝燦爛，形同民族的標籤，也不像大秦、元代那樣有過舉世震動的宏偉建築、赫赫武功。更不像清朝，在與其他國家打交道的過程中，遭受到數之不盡的屈辱。

可儘管如此，一直以來，它始終是衆多史學家的目光焦點所在。

爲什麼？

這個問題，若答不上來，建議你抽時間看一看霧滿攔江的《明朝實在很爆笑》，答案就深藏其中。若答得上來，你同樣需要看一看這本書，因為啊，真相……好像不是你想像的那樣……

大明王朝，十三位傑出狠厲或淒慘平庸的統治者，一段既混亂也輝煌的複雜歷史。漫漫兩百多年間，有人格分裂或者娘娘腔的帝王、連皇上都害怕的凶悍小保母、長命百歲的奸臣、死於非命的忠臣、一蹴而就的暴發戶、懷抱空想主義的民主鬥士……各種千奇百怪的人物，交織成一張撲朔迷離的大網，將整個朝代包裹其中，反倒令人難窺全貌。

試問，這究竟是個什麼樣的王朝？

霧滿攔江，江湖人習稱老霧，中國大陸最大的網路論壇「天涯」重量級人物之一，縱橫「舞文弄墨」版多年，以蘊藏深刻見地於辛辣俏皮文字的獨特風格樹立起名聲，立論尖銳而言語幽默，品之有味，擲地有聲，博得「最牛說書人」之號。

讀他的作品，圖個輕鬆痛快可以，要想深入推敲咀嚼同樣沒有問題，拿來下酒更是再合適不過。一言以蔽之：老霧出品，必屬佳作。

《明朝實在很爆笑》乃老霧繼《清朝其實很有趣》後的趣味歷史經典新作。延續一貫的麻辣寫作風格，以顛覆性觀點、諧趣的文字，將枯燥乏味的歷史變成趣味橫生的一場宮廷大戲。八卦到不行，也眞實到不行。

大明的皇帝都很變態，有的崇尚血腥暴力，有的人格分裂，有的愛搞自閉；有的貪色貪財，有的帶娘娘腔傾向，有的活像古惑仔；有的好酒好色，有的刻薄吝嗇；有的喜歡當道士，有的喜歡當木匠，有的活像大白癡！

十三位各帶變態基因的帝王一字排開，十三段各有千秋的紛亂歷史，且看霧滿攔江如何再以嘻笑怒罵的麻辣筆調，揭開最眞實的大明面貌。

只怕你不看，不怕你看不出趣味來。

眞的，明朝其實很有趣。

・本書是《明朝其實很有趣》全新修訂版，謹此說明

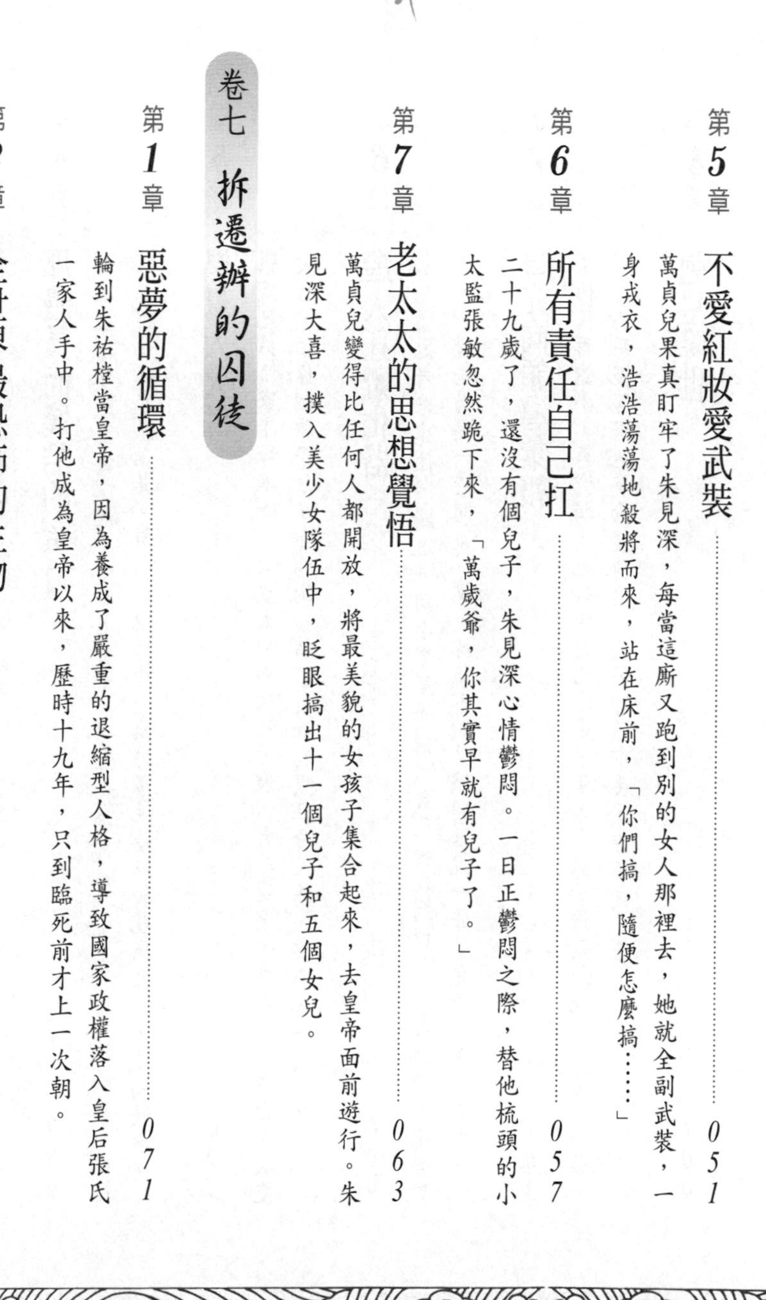

卷七 拆遷辦的囚徒

李夢陽聽說皇后張家和太皇太后周家公然展開全面武鬥的事件，再一打聽，得知張皇后出生時，她娘親夢到月亮入懷。自家老媽夢到的可是太陽啊！

卷八　古惑仔的江湖歲月

卷九　最是愚蠢大智慧

卷十 下腳料也有青春

卷十一　國家的敵人

卷十二 於寂寞中獨自守候

卷十三 枉然收拾舊河山

作為一個男人，不能容忍李自成這種獸類。作為一個軍人，更有職責替百姓清除掉殺人魔星。怎奈實力不足，吳三桂只好親赴歡喜嶺，向滿清攝政王借兵。

唐王被殺，南明冒出來兩個地下抵抗領袖，一個是小唐王，另一個是永曆帝朱由榔。中國人習慣於統一領導，這裡出來倆領導人，明顯有點多了。

卷六

拒絕長大的孩子

一邊是個年近六十的老太婆，
一邊是可憐的親生兒子，孰輕孰重？
朱見深做出了果斷的英明決定：
滿足老太太萬貞兒的所有要求，
廢了自己的兒子。

第 1 章

掌握權力的女人

身在陰氣森森的皇宮中，舉目所見，清一色大齡未嫁老處女，可以想像得到，萬貞兒初見朱見深的狂喜：哇靠！男人！原來男人是這麼個樣子的！

有關大明帝國第九任皇帝憲宗朱見深，普遍的觀點認為，他是一個善良的人，一個軟弱的人，一個缺乏主心骨的人，一個人格被神秘力量掌控的可憐蟲。

掌控了他的人格的神秘力量，源自於何方？

這個事，要從山東諸城說起……

話說諸城地方，有一個椽吏，名字叫萬貴。椽吏不是官，最多算是個副主任科員，可不知怎麼犯了事，被貶到霸州，從此陷入困苦。

自己困苦倒還罷了，可家裡還有一個四歲的女兒，名叫萬貞兒。怎麼辦呢？要不把孩子送到宮裡，讓她當一名光榮的服務員吧！

四歲的女孩子進了宮，當時沒有關心愛護祖國花朵這一說，花朵們打小受到的教育是關心領導，愛護領導，有飯領導先吃，有麻煩領導先走。花朵們要時刻著準備著，隨時為領導獻出自己的青春、貞操和生命……這這樣，可憐的小丫頭，淪為了孫太后的宮女。

轉眼到了土木堡之變的那一年，時任皇帝的朱祁鎮，被境外恐怖分子也先綁架，於是孫太后當機立斷，立了剛剛滿兩歲的朱見深為太子，又怕小太子年齡太幼，撤屎撒尿也沒個人管，便派萬貞兒出馬，去給朱見深當小保姆。

這一年，她已經二十一歲了。

二十一歲的女孩子，過了花季，情竇早就開了。可身在陰氣森森的皇宮中，舉目所見，清一色大齡未嫁老處女，連一絲男人的氣味都聞不到。可以想像得到，萬貞兒初見朱見深的狂喜：哇靠！男人！原來男人是這麼個樣子的！

當然，朱見深還不能說是男人，剛剛二歲，連小男孩都不算，最多只能算是個小男童。不過，小男童會長成小男孩，小男孩會長成小男生，小男生再嗖嗖地長，總要長成大男人——這就是命運賜給萬貞兒的寶物，從這一天起，她的生命終於有了意義。

此後，萬貞兒以一顆女兒之心，似水的柔情，還有那如花似玉的容貌……不對不對！她哪點都好，就是容貌跟如花似玉完全貼不上。史書上說，這丫頭的模樣，基本只能以一個詞形容：雄性。

《萬曆野獲編》上記載說，萬妃「豐艷有肌，上每顧之輒爲色飛」。意思是說，萬姑娘的胳膊粗，力氣大，登台表演一運氣，哇！至少八塊腹肌。

別不相信，這本書說得已經算委婉了，其他史書形容得更野蠻，諸如「貌雄聲巨，類男子」等權威性記載，在所多有。

線條粗、嗓門大，把女人形容到這份上，再補上「類男子」等閒話，史家明顯有失厚道，有這樣糟蹋女生的嗎？不管怎麼講，那時的萬貞兒的確和幼小的朱見深相依為命，渡過了人生的重重難關。

都有些啥難關呢？

看看朱見深的個人求職簡歷，就清楚了。

- 姓名：朱見深
- 出生：一四四七年十二月九日
- 出生地：北京
- 生肖：兔
- 血型：B型
- 身高：一百七十二公分
- 體重：七十一公斤

•相貌特徵：斯文，儒雅，滿臉堆笑，屬於那種能夠引發別人暴打他一頓的衝動那種模樣

•社會關係：

父親：英宗朱祁鎮

母親：周氏

妻子：吳氏

有兒子十四人

二歲：因爲生父朱祁鎮被境外恐怖分子綁架，晉升爲太子。同年，父親朱祁鎮平安歸來，被囚於南宮。

六歲：被解除太子職務，太子由叔叔的兒子朱見濟擔任。

七歲：朱見濟死，太子之位空缺。

十一歲：奪門事變發生，父親朱祁鎮重新當選爲帝國領導人，恢復太子職位。隨後，戀愛自由遭到父親的粗暴干涉，心愛的女友赭五兒被活活打死，更心愛的女友萬貞兒被打得半死。

十六歲：成婚大典，吳氏被立爲皇后。

十八歲：父親朱祁鎮死，是年登基爲帝，改年號成化，冊立最心愛的女友萬貞兒爲貴妃。後不久，宮中爆發惡性事件，皇后吳氏悍然暴打萬貞兒，朱見深怒，廢其皇后職稱，打入冷宮，貶其父邊關充軍。無奈群臣嚴重反對改立萬貞兒爲皇后，理由是太老了。不得已，另立王氏爲后。

十九歲：侯大狗群體事件發生，不久平定，侯大狗被生擒。

二十歲：劉千斤群體事件發生，不久平定，劉千斤被活剮。

二十四歲：宮女紀氏有孕，萬貞兒逼令墮胎，太監詭稱是腹脹病，終於生下一子。萬貞兒下令將孩子溺死，太監張敏不敢下手，將孩子藏起來。

三十歲：太監張敏告之皇子事，朱見深這才知道自己有了個六歲的兒子。感激之餘，任由萬貞兒毒殺紀淑妃，太監張敏被迫呑金自盡。

三十一歲：設立西廠，以別於東廠。汪直用事，大索民間妖書，生民冤死無數。

三十五歲：柏賢妃生皇子朱祐極。

三十六歲：萬貞兒毒殺朱祐極。

四十一歲：卒。死後在其臥室發現一只神秘的奇匣，匣中盡皆房中術，乃華蓋殿大學士萬安所獻，由是萬安放歸田里。

看看這份資料，不難立即得出一個結論：朱見深，在他的成長歷程中，人格遭到置換——換言之，他已經淪爲萬貞兒的傀儡，對比自己年長近二十歲的她言聽計衆，不敢有絲毫忤逆。直到死，都未能擺脫這個女人的控制。

然而，人性的規律也告訴了我們：人是有獨立意識的，天生就具備著挑戰權威的衝動。這個規律，爲何偏偏對朱見深不靈？

答案，就在他成長的腳印裡。

第2章

若為老太婆，兒子皆可拋

一邊是個年近六十的老太婆，一邊是可憐的親生兒子，孰輕孰重？朱見深做出了果斷的英明決定：滿足老太太萬貞兒的所有要求，廢了自己的兒子。

我們說，憲宗朱見深的人格被置換，是指他最終未能形成自我人格，而以萬貞兒的意志爲意志，唯萬貞兒之命是從。

更令人驚訝的是，這段過程中，她所使用的手段，並非人們所想像的色誘。相反的，美色在兩人之間，占不到任何位置。

事實上，有關朱見深被萬貞兒牢牢控制之事，當時的人們就已經看得清清楚楚。曾有一次，朱見深的母親周太后，把兒子叫了過去，不解地問：「彼有何美，而承恩多？」

他響亮地回答道：「彼撫摩吾安之，不在貌也。」

翻譯成白話，是周太后好奇地問兒子，「萬貞兒那醜丫頭，到底有什麼能吸引你的地方？你偏偏和她搞個沒完沒了，不理會別的美貌嬪妃。」

朱見深解釋：「不，事情不是像你們想的那樣，我和萬貞兒只是好朋友，根本沒有你們以爲的那種事。不過，每當我的情緒紊亂時，只要她輕輕一拍，就能穩定下來。」

這番回答，絕對是他的眞心話。

證據何在？

朱見深三十七歲那一年，萬貞兒已經是個五十六歲的老太太了，但這位老太太說什麼也要和太子朱祐樘過不去，不管怎樣就是要廢了太子。

按理說，一個五十六歲的老婆子，雞皮鶴髮，滿臉皺紋，女性的柔媚魅力早已蕩然無存。更何況可憐的太子朱祐樘，自打生下來後，就被人藏了起來，總算沒被弄死，直到孩子六歲了，朱見深才知道自己原來有這一個兒子。

即使在欣喜若狂的情形下，他都沒有阻攔萬貞兒將朱祐樘的生母紀淑妃毒死。可以說，對於兒子，他這個當父親的虧欠太多太多，對於五十六歲的老太太萬貞兒，則是絲毫虧欠也無。

更何況的何況，朱見深已經是個三十七歲的男人了。一邊是個年近六十的老太婆，一邊是可憐的親生兒子，孰輕孰重，這還用說？

於是，朱見深做出了果斷的英明決定：滿足老太太萬貞兒的所有要求，廢了自己的兒子，不讓他做太子。

看看這廝的腦子，還正常嗎？

正常不正常，這你管不著，他已經動手了。首先找來大太監懷恩，命令他起草廢除太子的詔書。

懷恩大吃一驚，撲通一聲跪在地下，冒死陳情，堅決反對這缺心眼的決定。朱見深大怒，將懷恩攆到鳳陽看守皇陵，自已動手寫詔書，刷刷寫好了，不理會群臣哭天搶地的反對，就要發佈。

卻在這時，就聽轟轟轟幾聲巨響，啥動靜呢？原來是東嶽泰山地動山搖，發生了強烈的地震。

地震就地震，不理會，廢太子詔書發佈。轟轟轟，又是幾聲巨響。東嶽泰山發生第二次地震，震度比上一次更凶。

震兩次也不理，繼續發佈廢太子詔書。轟轟轟，第三次傳來驚天巨響，東嶽泰山正式進行第三輪地震。

三輪強震也沒關係，持續發佈廢太子詔書。轟轟轟，泰山被迫無奈，只好搞出第四輪強震。

四輪強震也沒關係，堅持廢太子。轟轟轟，泰山硬著頭皮，搞出表示反對的第五輪強震。五輪強震也沒關係……

史書上說，朱見深這廝在一定程度上繼承了朱元璋的精神，與天地鬥，其樂無窮；與地鬥，其樂無窮；與人鬥，其樂無窮。爲了哄萬老太太開心，不惜喪送兒子的全部。

最後是東嶽泰山無休無止地用地震表示抗議，整整震動了七輪，眼見再要和泰山頂牛，只怕大臣們都要起來造反了，他這才悲憤悻然地收手。

七次強烈地震，這才阻住朱見深搞死親生兒子的願望，由此可見萬貞兒對他的影響是何等的巨大，已足夠違背基因承傳的最基本意志。

好一個了不得的萬貞兒，究竟是如何成功地馴化這個男人呢？

第3章

一切都是早注定

朱見深見到的，是一張張窮兇極惡的面孔，所聽到的，是一聲聲不耐煩的呵斥與吼叫。恐怖無所不在，只當偎身於萬貞兒的溫暖懷抱，才能感受到安全。

細說起來，朱見深的人格被置換，形成對萬貞兒的絕對性臣服，卻非萬貞兒有意爲之，而是歷史發展的必然。

啥叫歷史發展的必然呢？

我們先來看看朱見深幼年的兩大不幸遭遇：首先，兩歲時：因爲生父朱祁鎮被境外恐怖分子所綁架，所以晉升爲太子。是年父親平安歸來，被囚於南宮。而後六歲那年，被解除太子職務，太子改由叔叔的兒子朱見濟擔任。

不難注意到，兩歲到六歲，小朱見深經歷了從天堂到地獄，再從地獄到冷宮的冷酷輪迴。這段可怕的過程，恰好包含了人生中第一次人格形成的重要時間點：四歲。

父親朱祁鎮被境外不法分子擄走之前，朱見深無異於生活在天堂中，四周是成群結隊的宮女太監，有專門的姆媽餵養他溫度適中的奶水，任何時候他的屁股下面都是乾淨而柔軟的。

負責照料他的生活的，是一支數量龐大且訓練有素的專業隊伍，哪怕只是絲毫的漫不經心，都要有人爲此付出嚴重的代價。

總之，他是一個快樂的小皇子，生而尊貴，身邊只有快樂和幸福。

不幸的是，沒過多久，操蛋的親爹就被境外恐怖分子劫持了。他迅速地被推到了太子的職位上，這時節，甚至還沒有學會說人話。而後緊接著，堂叔朱祁鈺登基爲帝，歸來的父親淪爲囚虜。他的境遇，一下子變得無比微妙。

事態發展至此，再也不會有人關心他的溫飽與饑寒，只有萬貞兒——請注意！從現在開始，唯獨這個善良的女孩子，與他不離不棄，以他的歡樂爲歡樂，以他的痛苦爲痛苦，相依爲命，患難相扶。

放眼偌大的皇宮，除了萬貞兒，恐怕再也不會有第二個人這樣的死心眼，把寶押在失勢的皇太子身上。

明擺著，此時的朱見深已成爲新皇帝朱祁鈺的眼中釘，由衷希望這孩子能不愼從床上跌下來摔死，又或是拉稀跑肚突然病死。對此，所有人都心知肚明，並暗暗抱著同樣的渴望，期待從中尋得自己的晉身之階。再也沒有誰想理會朱見深的飲食，再也沒有誰想照料他的生活，仍是那句話：除了萬貞兒。

設身處地想一想，朱見深見到的，是一張張窮兇極惡的面孔，所聽到的，是一聲聲不耐煩的呵斥與吼叫。對於一個只有兩歲的孩子來說，無異於置身修羅陰獄，恐怖氣氛無所不在，死死地攫住了他。只當偎身於萬貞兒溫暖懷抱中的片刻，才能感受到稍微的安全。

夜夜依偎在萬貞兒的懷抱中，不知不覺，四歲，一個決定性的階段到來了。世上的所有人，都要在四歲時形成第一次的自我人格。該人格超級重要，倘若有誰沒能成功，定然是命不久矣，不是出門被車撞飛，就是一頭栽進水窪中，再也爬不起來。

什麼樣子的人格，居然如此重要？

四歲時形成的人格，是界定自我與這世界的分隔線。也就是說，從那時起，孩子終於產生了「我」的概念，明白了自己原來是一個獨立的個體，不是什麼人或者什麼動物的一部分。

聽起來好像沒啥了不起，可你要知道，正是因爲擁有了自我認知，認識到自己不是這世界的一部分，才能在一輛車飛速撞來時，急忙拔腿逃得遠遠。四歲以前的孩子不知道躲閃，不是他不懂得危險，而是他以爲這飛撞而來的車，只不過是自己的一部分，就像他的手或腳，拍過來，拍過去，不會造成傷害。

「自我」概念是這個樣子的：舉凡不造成傷害的，就是自己的一部分。對自己有過傷害的，屬於外部的危險世界。

哪怕是再和善的父母，在孩子的成長過程中，總不免教導他，糾正他。對四歲的孩子而言，這種教導與糾正，就意味著否定，意味著某種傷害，從此知道父母不是自己的一部分。所以許多家長發現，當孩子過了四歲，就不再好玩了，知道頂嘴了，原因正在這裡。

回到朱見深這邊，隨著第一次自我人格形成，他將那些否定自己的、傷害自己的存在隔離出去，留在心裡的，是永遠也不會造成傷害的，屬於他生命的一部分。這段過程，與任何孩子都無區別，只有一點不同：他的自我多了一個大活人，萬貞兒。

也就是說，全然無意的狀況下，萬貞兒將自己塑進了朱見深的自我人格裡。此後，她將因此收穫超額的利益，但在當下，應該壓根沒有如此深刻的心思。

接下來，朱見深又有了新麻煩……

兩年後，朱祁鈺強行易儲，撤銷了朱見深的太子職務，改由自己的兒子朱見濟擔任。

從這一天起，朱見深被趕出東宮，生活在死亡的陰影之下，在任何時刻以任何方式弄丟性命，恐怕都是正常的。唯一沒有拋棄他的，便是萬貞兒。

朱見深的生命記憶，不會包括太多的權力變更與爭奪，因爲他的視線所見，只有一張張猙獰可怖的嘴臉，一張張不懷好意隱含殺機的表情。他肯定經常看到這些可怕的嘴臉凌迫於自己和萬貞兒，也不止一次地目睹她將自己藏在身後，挺身與之抗爭。然而，所有這些都不會被記錄在史書上，史官從來不關心那些行將爲權力抹除的幼小生命。

就在習以爲常的恐怖與絕望之中，忽有一天，春暖花開，所有恐怖的嘴臉都綻開諂媚的笑容，將他蜂擁圍住。

第 4 章

永遠的嬰幼兒

朱見深驚恐地發現，自己被無計其數的中年婦女包圍，充滿慾望的眼睛，死死地盯在剛剛成熟的青春肉體上……太可怕了！光是想，都能讓人做惡夢。

這一年，朱見深已經十一歲了，懂得自己又恢復了太子職位，也明白了那些變幻莫測的面孔其實意味著什麼。永遠也不會允許這些傢伙湊近自己，永遠不會。

當此時，他的生命已經和萬貞兒緊緊地融爲一體，他就是她，她就是他。他再也沒有能力把她分離出去，也從未想過要這樣做。

儘管如此，朱見深仍然沒能抵禦住美色的誘惑，任由另一名宮女走進了自己的生命。

褚五兒——選擇一個不是萬貞兒的女子，是朱見深的成長與背叛，標誌著他正試圖解除萬貞兒施加於自己的心靈控制。

如若成功，他將成長爲一個理性、有智慧的成熟男子。

人的第一次人格形成，是在四歲左右。這一階段人格將界定人與外部世界的分野，讓人產生獨立意識，知道自己是一個獨立的人。

第二次人格形成，則在十四歲左右。這一回，旨在於建立起完全自我的思維體系，表現出來的就是推翻權威的控制。所以，這個年齡階段的男孩子，喜歡向父親發起挑釁，女孩子則義無反顧地找老媽的麻煩。原因無他，僅僅因著長期以來，父母都是孩子心目中的權威，要想成長，必須推翻其桎梏。

於朱見深而言，情況也沒有例外。唯一的區別，在於他心中的權威不是父親朱祁鎮，而是與他相依為命的萬貞兒。

擺脫萬貞兒的控制，幹掉這個女人！潛意識深處，有一個聲音這樣喊。

青春期的叛逆，以性的取擇為重要過程。理論上說，朱見深居於深宮，身邊滿山遍野的妙齡少女，只要逮住任何一個，放翻幸御一把，這次叛逆就算是完成了，他也就長大成人了。

萬萬沒想到，那操蛋的親爹朱祁鎮，突然在這關鍵時候插進來，徹底摧毀了兒子的成長之夢。

朱祁鎮下令，將太子身邊年少的小姑娘統統調走，再給兒子調來一大群中年婦女，以免過早涉及兩性之事。

朱祁鎮的想法，也不能說是錯。

當父親的，儘管自己有三宮六院，還是希望兒子當一個高尚的人，一個脫離了低級品味的人，一個有益於地球的人。但糟糕的是，他完全不懂得教育，竟然莫名其妙地認為，中年婦女不會再有性的慾望和追求。天知道是哪個王八蛋把這個混帳念頭塞進他腦殼裡的，反正他就這麼認為了。

於是，朱見深驚恐地發現，自己被無計其數的中年婦女給包圍。一雙雙充滿了慾望的眼睛，死死地盯在他那剛剛成熟的青春肉體之上……

太可怕了！光是想一想，都能讓人做惡夢。

儘管四周虎視眈眈，危機四伏，朱見深仍然堅持進行他的人生成長。要背叛萬貞兒，就只能……唉！只能在中年婦女中挑挑揀揀了。

揀哪一個呢？

少年的目光，落在了褚五兒身上。

褚五兒是個什麼樣的女人？她是如何在後宮爭霸賽中贏得勝利，放翻這位少年仔的？這是一個謎，一個永遠也不會有人揭曉的謎。我們只曉得，朱見深初涉雲雨情，少年仔品味性罪錯，是在萬貞兒和褚五兒的共同引導下完成的。

於萬貞兒而言，她和朱見深涉入情慾，乃是必然，他們已經在一起生活得太久、太久了。對於褚五兒來說，這意味著改變命運的重大機會——沒錯，她的命運果然遭遇到徹底的改變。

就這樣，朱見深選擇褚五兒，成功地對萬貞兒發起進攻。假以時日，再幸御幾個女孩子，又或是中年婦女，必定可以成功地從她的控制中解脫。

不想就在這時，操蛋的朱祁鎮又一度摻和進來，徹底斷送自家兒子的成長大夢。

朱見深與兩名大齡宮女初涉雲雨情的事件，很快報到了案頭。

朱祁鎮怒不可竭，劈頭蓋頭地把兒子臭罵了一頓，隨後將萬貞兒和褚五兒拖出來，大杖只管往死裡打。打啊打，褚五兒一命嗚呼，萬貞兒的生命力卻是異常的頑強，竟強迫自己活了下來。她知道，只要挺過去，今日所挨的所有杖責，朱見深遲早會千百倍地賠償。

朱見深的人生成長就這樣歸於失敗，他終於認識到，萬貞兒是生命中不可剝離的一部分。命運已經將他們兩個牢牢地扣在了一起，分開，意味著天塌地陷的恐怖災禍。

脆弱的人格為殘酷的現實擊碎，退縮回嬰幼兒時期。再也沒有走出來的機會，再也沒有了。

第 5 章

不愛紅妝愛武裝

萬貞兒果真盯牢了朱見深，每當這廝又跑到別的女人那裡去，她就全副武裝，一身戎衣，浩浩蕩蕩地殺將而來，站在床前，「你們搞，隨便怎麼搞……」

我們不知道朱見深是如何抱著萬貞兒痛哭的，他的心都要碎了，那一刻，深深下定了決心，此生此世，只和她在一起，再不容許另一個女人來褻瀆他們之間的美好感情。這個承諾，將成為生命的一部分。

但是不成，宮裡，父親早已為他準備了幾個出身好、容貌美的女子，他必須遵循父命，從中選一個來當皇后。

這意味著什麼？意味著外部世界再一次向他和萬貞兒發起攻擊，從而再一次強化了潛意識中彼此理當同為一體、堅決不可分割的概念。

是他的父親，也是當時的時代，將萬貞兒牢牢地鎖在了他心底。

那麼好吧，乾脆就娶萬貞兒為妻好了，可惜還是不行，所有人都反對他們的結合，一如過往生命中那些不堪的記憶。原來如此，世上人全都是他們的敵人，過去、現在，以及未來。

絕望之下，朱見深被迫接受那夥人強行塞給他的吳皇后，大婚之後，與萬貞兒相對哭泣。對於她，他實在虧欠得太多太多，只能先拿個貴妃頭銜勉強應付應付。怎麼夠呢？這是應付不過去的。

應付不過去也沒辦法，只能先這麼著。反正朱見深很清楚，自己壓根不會理睬那個什麼吳皇后，只會和萬貞兒在一起。

吳皇后哪裡曉得朱見深的心？眼見自己如花般美貌，皇帝老公卻連看一眼都不肯，只顧和老女人睡在一起，心裡說不出的鬱悶：我家的這個老公，怎麼就這樣變態呢？

心裡有怨氣，自然就要流露出來，再加上萬貞兒壓根不把她放在眼裡，終於有一天，兩人在後宮狹路相逢，並發生激烈衝突。

理論上來說，皇后母儀天下，乃後宮之首，有權力管教裡頭的所有人，盛怒之下，吳皇后當即吩咐宮人杖責萬貞兒。

卻不曾想，她們一個個退得遠遠的，寧死也不敢奉命。

這些宮人啊，居然連心理學都曉得，了不得！

吳皇后畢竟是年輕，哪懂得世上還有如此怪異的心理學？見大家都不敢動手，憤怒之下，索性捲起袖子自己來，狠狠杖責了萬貞兒。

這下，她可捅了大婁子！

聞說萬貞兒被皇后給打了，朱見深怒不可遏，「那女人是誰啊？她憑什麼打我們？」一紙詔書發下，上面寫：姓吳的女人，舉動輕佻，禮度率略，請命太后，廢吳氏別宮。

吳皇后就這樣被廢。假使早知道惹了萬貞兒，後果是如此的嚴重，肯定打死也不碰她一根手指頭。可惜一切都晚了，從此永遠失去了尊貴的地位，陪伴身邊的，只有冷宮中的殘月淒風。

而這一天的到來，距離風風光光地成為皇后，還不到一個月時間。

事情還沒完，吳皇后的父親吳俊，接著被罷去都督同知的官位，貶到邊關去站崗放哨，每天只能對著大漠昏風，寂寞地唱著小曲，「一棵小白楊，長在沙灘上，一個老姑娘，拐走了皇上……」

另一位美女王氏出任第二屆皇后，眼見前任的淒慘遭遇，當然要學聰明點，不僅不敢干涉朱見深與萬貞兒的私生活，還要替兩人疊床鋪被，盡其可能地取悅萬貞兒，以求保住地位。

至此，朱見深終於迎來了他和萬貞兒的幸福生活。一四六六年，他十八歲，她才剛剛三十七歲，恰是琴瑟合和，如漆似膠，搞出一個胖娃娃來。

他歡天喜地，馬上派官員赴泰山祭祀，誰知泰山對這個孩子有很大的意見，還沒等取名呢，一不小心就死掉了。

好端端的孩子，怎麼會死掉呢？

不應該啊！

萬貞兒大怒，用力將朱見深推得仰面朝天，仔細一檢查，終於找到了原因。好哇！原來這廝年少貪嘴，終究抵禦不住宮中成群結隊的美少女的色誘，三不五時跑冒滴漏，嚴重降低了龍種的品質，從而導致悲劇的發生。

查清楚原因之後，萬貞兒對朱見深加強了思想教育，「年輕人，你要有高尚的追求，要有理想，有道德，有知識，有文化，要自覺抵制來自於四面八方的美少女的侵襲，堅決反對戀愛自由化。以後全面禁止和別的人女人眉來眼去！」

批評後，萬貞兒果眞盯牢了朱見深，每當這廝又跑到別的女人那裡去，她就全副武裝，一身戎衣，浩浩蕩蕩地殺將而來，站在床前，「你們搞，搞吧搞吧！隨便怎麼搞，我替你們倆拿著衣服，當啦啦隊也好……」

拜託！她這麼站在床邊，誰還有能耐搞起來？

從此以後，朱見深的生活變得豐富多彩，饒有趣味。

表面上，他對萬貞兒唯唯諾諾，不敢有違，卻不時見縫插針，利用自己去洗手間，或是她午睡的時候，出其不意地奔出去，按倒某個女生，著急忙慌地偷吃幾口，然後返回來，依偎在她身邊，做無辜狀。

他喜歡這個遊戲，喜歡得要命。沒辦法，他始終是那個沒能長大的嬰幼兒，中意的，偏偏就是這麼個玩法。

第 6 章

所有責任自己扛

二十九歲了，還沒有個兒子，朱見深心情鬱悶。一日正鬱悶之際，替他梳頭的小太監張敏忽然跪下來，「萬歲爺，你其實早就有兒子了。」

眼見得朱見深拒絕長大，堅持躲在宮中和四十來歲的萬貞兒玩遊戲，群臣洶洶鬧將起來，紛紛上書：陛下，你丫不能這麼個搞法啊！你他媽的多大的人了，放著成群結隊的美少女不理，怎麼就偏偏盯著一個四十歲的老娘們呢？皇帝你說，你是不是有病？

大臣們的奏章，翻譯成白話文，大致就是這麼個意思。

朱見深的回答就三個字：管不著！

史家總說憲宗朱見深性格懦弱，因此不敢違背萬貞兒。這眞是主觀想像的瞎掰，他懦弱，怎麼對別人就不懦弱？他眞正的問題，在於始終未能建立起自己的獨立人格，或者可以說，萬貞兒就是他的人格，他的靈魂。一個人可能會反抗自己的靈魂和人格，但注定無法擺脫。

沒過多久，朱見深趁萬貞兒打盹兒的工夫，於書房將一名女秘書柏氏推倒在紅地毯上，大肆折騰了一番。

說起這柏氏，也是極有來頭之人。早年朱祁鎮替兒子選太子妃，一共有三名少女入選，分別是惹上萬貞兒被廢掉的吳皇后、目前仍然健在但不敢招惹萬貞兒的王皇后，以及這倒楣的柏氏——三人同時中選，人家倆都皇后了，就她不上不下，孤苦伶仃。幸而此番經歷幸御，不久有孕，生下一個兒子，起名朱祐樾。

朱見深大喜，急忙發詔書，冊立為太子。不料，萬貞兒得知了這事，很生氣，竟吩咐人弄來一包毒藥，把小太子給毒死。

消息傳到朱見深處，他只是輕輕地歎了口氣，「人生啊，迷茫；歲月啊，寂寞……」遭遇這樣的事情，他竟然絲毫不敢責怪萬貞兒，而是深刻地反省自己的錯誤：我怎麼可以這樣呢？嗯，人家萬貞兒對我多好，怎麼可以移情別戀呢？嗯，以後不能這樣了，沒良心啊！

就在反省中，迎來了二十九歲的生日。

二十九歲了，還沒有個兒子，朱見深心情鬱悶。一日正鬱悶之際，替他梳頭的小太監張敏忽然跪下來，「萬歲爺，你其實早就有兒子了。」

朱見深大吃一驚，「別瞎掰，好好梳頭。」

「萬歲爺，我知道說出實情就會死，可真是不想再瞞你了。實話告訴你吧，那孩子已經六歲了，正因為當時沒敢讓你知道，才能活下來……」

這個張敏，腦子明顯有問題。眼下這種事，如果不說出來，大家都幸福快樂地歌頌美好新生活。一旦抖出來，不知將有多少人要死翹翹。你說，沒事添這亂子幹什麼呢？

那麼，已經六歲的孩子，又是打哪兒冒出來的？

好多好多年前，廣西賀縣的土族居民上街遊行，亂喊示威口號，遭到地方官的打壓，於是紛紛上訪。

各級領導高屋建瓴地指出：「誰和諧，誰光榮；誰上訪，誰狗熊。我們要嚴厲打擊越級上訪的不法行爲！」趕緊出動大量警力，將所有企圖上訪百姓都逮住，男的打個半死，女的賣入妓院，算是政府的財政收入。當中有一個姓紀的小姑娘，因爲生得特別貌美，就被賣進皇宮。

小姑娘不唯是生得貌美，而且聰明靈秀，不多久便出任宮中的女秘書。某天午後，正忙於整理書房，朱見深悄悄地溜了進來，把她給「潛規則」了。

此後，紀姑娘的肚皮一天天大起來。

萬貞兒發現情形不對，衝上來喝問：「是誰搞大的？」

還能是誰？宮裡就朱見深這麼一個男人。

當時可絕對不能說出實情，否則有死無生，幸虧紀姑娘聰明，趕忙解釋道：「敬愛的萬大姐，我是南方人，水土不服，這個這個……南方的肚子喝了北方的水，肚皮當然要鼓起來。」

萬貞兒儘管狠辣，心腸其實很柔軟，常識也不太足，聽了只問：「妳的病，不會傳染吧？」

「這個，大概不會吧……」

而後紀姑娘就搬到了安樂堂，偷偷摸摸地把孩子生下來，誰知消息還是走漏到了萬貞兒處。她傷心地罵：「男人都不是好東西！」喚過小太監張敏說：「組織上交給你一個光榮而神聖的任務，啥任務呢？就是去掐死紀姑娘剛剛生下來的孩子。你有沒有信心完成？」

張敏立正敬禮，「保證完成任務！」出了門，卻不由得哭了。

娘的！這叫什麼任務？讓我去掐死皇帝的親兒子，這要是讓人知道了，豈不得滿門抄斬？想來想去，索性去找被廢掉的吳皇后，這夥人湊在一起，眞將孩子偷偷地養起來，成功地瞞過萬貞兒的眼線。

原來如此！朱見深聞訊大喜，立即把孩子帶到跟前，仔細一瞧，「喲！這鼻子這眼睛還真像我。哈哈哈！太好啦！我有兒子嘍！」

正高興著，張敏又如飛一般衝過來，「陛下，不好了，萬貴妃正在逼紀姑娘服毒！」

「她們女生的事兒，咱們男生別插手，要不人家該笑話咱們婆婆媽媽了。你快過來看，我這兒子多可愛！」

「陛下，萬貴妃也在逼我死呢！」

「有的人死了，他還活著；有的人活著，其實他早就死了。死了還活著的人，他比泰山還重；活著其實已死的人，他比鴻毛還輕……」

朱見深的話沒說完，小太監已悲憤地拿出一大塊金子，罵道：「你說我賤不賤！好端端的說這件事幹什麼？現在好了，領導壓根不管，所有的責任都得自己扛，乾脆我死了算了！」

張敏吞金自殺，掀開宮廷戰爭更爲慘烈的新篇章。

第7章

老太太的思想覺悟

萬貞兒變得比任何人都開放，將最美貌的女孩子集合起來，去皇帝面前遊行。朱見深大喜，撲入美少女隊伍中，眨眼搞出十一個兒子和五個女兒。

前面已經說過，萬貞兒舉重若輕，毒殺了生下皇子的紀淑妃，捎帶腳逼迫多嘴說出這件事的太監張敏自盡。下一個目標，當然是再接再厲，幹掉小太子，這是絕對不能少的。

爲什麼要幹掉呢？

爲什麼不幹掉呢？反正大家閑著也是閑著，皇宮中的人飽食終日，無所用心，一不用下田耕種，二不用蹬機子織布，總得找點事情來做吧？

對於萬貞兒的要求，朱見深自然要打心眼裡贊同。

廢太子，等同與所有大臣、整個後宮，甚至是普天下人作對。可那又如何？想當年，日夜生活在恐懼中，外邊的大臣們支持過他嗎？後宮保護過他嗎？普天下人理睬過他嗎？

整個世界與他爲敵，恰恰是他早已經習慣的事。

不理會所有的反對意見，堅持寫詔書，廢掉小太子。卻在這時，前面說過了，泰山連續發生七次特大地震，表明了老天爺的意思。

朱見深很上火，這個狗屁老天爺，怎麼我小時候倒楣，你不說連震七次呢？那時節我生不如死，膽顫心驚，苟延殘喘，你卻一次也不震。難道我朱見深就活該倒楣，活該被折騰？

倒是萬貞兒被異常的天象嚇住了，坐在屋子裡，展開自我反省：難道我真的做錯了？不該想辦法弄死那個小崽子嗎？只能就這樣等著，等他長大之後，反過來把我千刀萬剮？

小崽子倒也罷了，是不是我對朱見深管得太嚴了呢？雖說是愛之深，責之切，可我終究是沒能給他生下一個娃娃。不是不樂意生，問題在我太老了，更年期早就過了，而他正是血氣方剛……

經過認真的思考和反省，她終於醒悟：真不該把他管得太嚴，我雖然老了，可宮裡還有很多年輕的女生。那什麼，步子再快一點，膽子再大一點，對外開放吧，對內搞活吧，要允許一部分女生的肚皮先大起來，先大帶後大，大家一起大！

如此一想，萬貞兒居然從牛角尖裡鑽了出來，忽然變得比任何人都開放、開明。她將宮中最美貌的女孩子集合起來，排成長隊，去皇帝面前遊行跳舞。朱見深最開始還不敢相信，後來見萬貞兒是真的寵他，登時大喜，不由分說，撲入遊行的美少女隊伍之中，只聽嘁哩喀嚓、嘰哩哇啦，不過是眨眼工夫，搞出來十一個兒子和五個女兒。

成果斐然哪！

且說朱見深心滿意足，就到外邊去散步。

正行之間，忽有一層薄薄的迷霧，從地面上升起，就見漫天的烏雲，如一尾墨黑色的巨龍，很快將整個世界呑沒，霧氣瀰漫，水星四濺，氣壓低低的，讓人呼吸不暢，透不過氣來。

他愕然止步，又出什麼事了？

驚疑間，一個小太監飛奔而至，「報告陛下，不得了了！萬貴妃她……她她她死翹翹了！」

下一秒，朱見深已昏厥在地。

死了！萬貞兒死了！這怎麼可能？

是這個女人，帶著他渡過了不知多少悽惶的日子，從他還不明白人事的時候起，就悉心地照料他。在遭到冷落，被廢黜的日子裡，只有她無怨無悔，始終陪伴身邊。

如果不是她，他朱見深早已成爲了一具骸骨。

她是他生命中最重要的寄託，生爲她而生，死爲她而死，哭爲她而哭，笑爲她而笑——無知的世人只看到彼此年齡的差異，怎麼能夠理解這份跨越了年齡與時代的蒼涼情愛？

朱見深放聲嚎啕，捶打著自己的胸膛，「貴妃去世，我也不會繼續留在這個骯髒的世界上。」

這是眞心話。幾個月，他在龍床上安詳地閉上眼睛。

該結束了，他們從一開始就注定了悲情。爲了照料他，她來得太早。渴望她的照料，他讓自己來得太晚。

化塵歸去，人間誰記迷情？一抔黃土，紅草淒淒，湮沒一段蒼涼的畸情。大明帝國第十任皇帝——朱祐樘的時代到來了。

卷七 拆遷辦的囚徒

朱祐樘患有多重恐懼症，
當中最嚴重的是女性恐懼症，
女人，在他的生命記憶裡，與死亡象徵無異。
所以，他只能滿懷恐懼地蜷縮於龍床之上，
流淌淚水。

第1章

惡夢的循環

輪到朱祐樘當皇帝，因為養成了嚴重的退縮型人格，導致國家政權落入皇后張氏一家人手中。打他成為皇帝以來，歷時十九年，只到臨死前才上一次朝。

這世界，不怕壞事，也不怕壞的影響，怕就怕被壞事惡化的生存環境。因為惡化的生存環境，能產生出新的壞事，讓世界陷入惡的循環之中，從此無由解脫。

什麼叫「惡化的生存環境」？

當一件始料未及的壞事發生，會引發人內心深處的恐懼與暗黑，暴露出人性中惡的一面。原本好端端的人，可能在惡的環境影響之下，成為惡人。而惡人以惡的方式對待別人，將導致惡的持續擴散並放大，最終，這種惡瀰漫開來，無所不在，將所有的人裹脅於其中。這，就是生存環境的惡化。

從朱祁鎮突遭境外恐怖分子擄走的那一天起，大明帝國的宮廷，就開始陷入惡的循環。第一個受害人，是前面已經提到過的，第九任皇帝朱見深。因著父親被擄走，權力出現變數，導致身邊人對他的態度出現變化，影響到心理和人格，閉鎖於四歲幼童的狀態中，終其一生也未能走出。

朱見深的異常心理，又導致宮闈中生出無窮的變數，迅速推出這一系列效應的下一位受害人：大明帝國第十任皇帝，朱祐樘。

朱祐樘是一個什麼樣的人？他是如何淪為受害者的？他的受害，對大明帝國來說，又意味著什麼？

要想弄清楚以上問題，先得看一看這位帝王的求職簡歷。

- 姓名：朱祐樘
- 出生：一四七〇年七月三十日
- 出生地：北京紫禁城樂安居冷宮東旯旮西角落的灰堆中
- 生肖：虎
- 血型：AB型
- 身高：一百六十七公分
- 體重：四十七公斤
- 相貌特徵：頭頂中心光禿禿，不生寸髮，身材佝僂，眼帶恐懼
- 特長：躲藏
- 社會關係：

父親：憲宗朱見深

母親：紀氏

妻子：張氏

有兒子二人

零歲之前：正臥居於母腹中，有劇毒藥物灌入，企圖將之打落。他拚死掙扎，戰勝了打胎藥物，但從此頭頂不生髮，煞是可怖。

零歲：出生，萬貞兒命小太監張敏前來奪命。張敏違令，將其藏匿起來。

六歲：正於終日恐懼中東躲西藏，忽然被帶到父親朱見深面前，父親喜之。母親隨即被毒殺，小太監張敏吞金自盡，為廢后吳皇后收養。群臣上表，立為皇太子。

八歲：萬貞兒傳喚，吳后叮囑，不可喝一口水，不可吃一點食物，因此保全性命。從此對女人產生強烈恐懼。

十四歲：父親朱見深同意萬貞兒的意見，決定將皇太子之位廢黜，後宮洶洶，群臣物議，無效。幸得東嶽泰山連續發生七次強烈地震，乃止。

十七歲：潑婦張氏被立為皇太子妃。

十八歲：父親卒。登基為帝，是為孝宗。

二十三歲：皇后張氏生下皇太子朱厚照，從此執政。張氏兄弟成立國有拆遷辦，大搞強拆狠拆，民眾流離失所，紛紛上訪。

二十五歲：張氏兄弟持續嚴厲打擊上訪，要求民衆和諧。

二十七歲：太后家族的拆遷辦，與皇后家族的拆遷辦，因爲利益的衝突，爆發了大規模的械鬥事件，史稱「二后之爭」。

二十九歲：朱見瀟大案爆發。皇族朱見瀟橫行不法，胡作爲非，餓死生母，姦淫弟婦，事情鬧到了不可開交的地步，被朝廷拘禁，後處死。

三十六歲：名臣李夢陽上書，反對強拆。對此，朱祐樘做出有生以來首次表態，支持李夢陽，這也是他在位十九年首次上朝。同年卒，死因：體質虛弱，服食藥物過多。

什麼叫宿命？什麼叫惡的循環？

朱祐樘的親爹朱見深，將自己的命運與萬貞兒死死捆綁在了一起，任誰也解不開。所以，萬貞兒成爲那個時代實際意義上的皇帝，一言九鼎，生殺予奪，活得眞叫一個痛快。等輪到朱祐樘當皇帝，因爲他已經養成了嚴重的退縮型人格，導致國家政權落入皇后張氏一家人手中。

不誇張，打他成爲皇帝以來，歷時十九年，只到臨死前才上過一次朝。

爲啥不上朝？

他害怕，恐懼見到生人，就是這麼簡單。

恐懼陌生人，爲何不找個心理醫師，幫忙治療一下？朝堂之上，滿山遍谷，全都是讀書破萬卷的飽學鴻儒，找個明白人治療一下心理疾病，不難吧？

可是，你想想，一個患有恐懼症的皇帝，等同於上天賜予的最完美禮物，所有人都想把他抓在手裡——至少皇后就是這樣做的。這麼好的病人，誰捨得把他治好呢？

可憐蟲朱祐樘，注定了要在恐懼中渡過一生。

第 2 章

全世界最恐怖的生物

年幼的朱祐樘目睹了母親的死，看到小太監張敏吞金自盡。這時終於明白，父親不過是一個名叫萬貞兒的恐怖女人的奴僕。女人！好可怕的生物！

正如我們所知道的那樣，朱祐樘的恐懼症，早在他還未出娘胎……不對！早在這生命最微小顆粒的形成之初，就已經形成。

實事求是地講，朱祐樘的出現，不過是一個惡作劇，一個惡意的玩笑。他的父親朱見深，喜歡和萬貞兒玩躲貓貓，趁她打盹的時候，偷偷溜出來，發現負責管理書房的女秘書紀氏相貌美艷，就「潛規則」了一把。完事之後，立即就把她拋到腦後去了。

皇帝毫無心理負擔，卻可憐了那紀氏，就此生活在恐懼中，既渴望自己能有一個孩子，也害怕真的懷上身孕。萬貞兒那母老虎，一旦發現了這事，絕對不會客氣的。結果沒過多久，肚皮真的日漸隆起，那種恐懼，那種期待，無比複雜矛盾的心情，必然要影響到胎兒的成長和發育。

更糟糕的是，此事不久就被萬貞兒逮到，哪怕一開始能遮掩過去，久而久之，真相還是要被戳破。

還未發育成形的朱祐樘，活該要倒大楣嘍！

萬貞兒搞來一大堆打胎藥物，強迫紀氏灌下去。淫威之下，她不敢不從，只聽咕嘟咕嘟，具有強大傷害性的藥物，便如狂猛的野火，向著還未成形的小胎兒席捲過去。

我們知道，胎兒是有感知的，應該在第一時間感受到強烈的恐懼，只是不曉得具體感覺究竟如何，是如墜火獄，受烈火炙烤？還是彷彿跌入冰窟，爲亙古的陰風襲掠？滲進藥物的羊水，是如同鋼針一樣扎刺他的身體，還是如毒蟲一樣噬咬他的內臟？也許都有，或許更要可怕而奇特。

痛苦與恐懼迎面而至，生命的本能，卻讓胎兒咬緊了牙關，硬扛過來。慘痛的記憶就此融入每一個細胞，他知道了，外邊的世界原來如此恐怖。

出生之後，這感覺變得更爲強烈。朱祐樘是被偷著生出來的，沒有必要的照料，環境骯髒粗糙到了極點。

柔軟細緻的小身體，躺在冰冷的泥地上，痛啊！鑽心的劇痛，撕心裂肺的慘嚎，再次強化他對這個世界的恐怖認知。

事情還沒完，小太監張敏受命，要掐死這個孩子——眞要掐死倒也好，偏偏他不敢下手，而是夥同紀氏等宮人，將小朱祐樘藏匿起來。這就意味著，嬰兒時代的記憶，充滿了驚恐不安的躲藏，以及對所有陌生人的恐懼。哪怕只是外邊的腳步聲，都能把他嚇得魂飛魄散。

眞不是人過的日子，卻由不得挑挑揀揀。好在，幼兒時代的朱祐樘，並不知道這世上的人，還有另一種活法，大可以理直氣壯，無所畏懼。在他心裡，一定以爲所有人都得過著這種動盪不安的生活。

母親曾經安慰他說，若哪天能遇到一個穿黃色衣服，下頜上長著亂糟糟毛髮的怪人，那就好了。那是父親，不僅不會傷害他，還會保護他。從此，他開始日日夜夜地盼望，盼望父親的出現。誰曉得當那一天到來，帶給他的，又是一連串的驚嚇與悽慘。

父親出現了，可這個穿黃色衣服且留著鬍子的怪人，不能給他絲毫的安全感。尤有甚者，年幼的朱祐樘緊接著親眼目睹了母親的死，看到照料他的小太監張敏吞金自盡。

這時他才終於明白，自己的父親和所有人一樣，不過是一個名叫萬貞兒的恐怖女人的奴僕。萬貞兒隨時可以取他的性命，只要她高興。

可怕的現實，強力壓縮著他的人格。

終日生活於死亡邊緣，朱祐樘已然徹底異化，對女性懷抱莫可名狀的恐懼，並生成令人悲哀的奴性。他不認爲自己是一個獨立的人，不曾擁有絲毫的權力，存在的意義與價值，只是爲了襯托女人的凜凜威風。他只是微不足道的附屬物，喜怒哀樂，生殺予奪，盡操於女子之手。

女人！好可怕的生物！在他人生的全部記憶裡，橫亙著這樣一條絕對法則：對女人逆來順受，絕對臣伏，則意味著生。哪怕只是稍有不滿流露，都意味著死。他有求生的本能，不想死，所以無可選擇。

就這樣恭順屈服，對強加於頭上的任何事情，都表示千恩萬謝，只因爲這意味著生機。就這樣，迎來了新婚大典。事實上，他根本就不明白那意味著什麼，只曉得繼續像此前那樣叩頭謝恩，就可以繼續活下去。

於是，他怯怯地走進洞房，見到一個姓張的女人。

第3章

皇宮來了個女暴君

一天，金氏又將老公暴打了一頓，隨後上床歇息。進入夢鄉，就見一片荒野，冷風漸寒。蒼藍色的天空上，孤零零地懸掛著一團冷月，正向她冷笑……

朱祐樘的婚事，是群臣不斷上書的結果。

他的父親朱見深，因爲人格滯留於嬰幼兒時期，缺乏關愛別人的能力與意識。大臣們只得上書：陛下，陛下，快點給太子找個老婆吧！隨便找一個就成，皇太子都已經十七歲了。

擱現在，十七歲的孩子還在學校裡讀書，可在農耕時代，普通百姓家的十七歲孩子，多半都有三兩個兒子了。

然則大臣們爲何要說，隨便找一個湊合呢？皇太子的婚事，也是可以湊合的嗎？唉！能湊合湊合，就該謝天謝地了。

要知道，朱見深這廝壓根就不上朝，也不看奏章，大家急得兩眼噴火，因而敢亂說一氣。不管怎麼講吧，反正就在所有人的共同努力之下，替太子選妃之事，終於提到了議事日程中。

這門婚事，還千眞萬確是湊合。經歷了長達幾個月的研究，最後衆人一致敲定，就選老張家的丫頭了。

老張是哪一個？

老張，乃鴻臚寺卿張巒。

鴻臚寺又是幹啥的呢？

鴻臚寺……這樣說吧，每當賓客來到朝堂上，總要有一群小太監在門前列成長隊，扯開嗓門高吼：「美利堅合衆國總統騎著馬到！」鴻臚寺，就是安排並吩咐小太監們喊口號的一個奇怪部門，類似宣傳部，又近乎外交部，大概算是外交部的宣傳幹事。

好吧！大夥爲什麼偏偏選中張巒？

因爲大家都想湊合，而要讓太子妃達到湊合的程度，條件就不能夠好。只能選張巒啦！這人可是出名的有個性，他怕老婆。

史書上說，張巒的妻子姓金，天生的女權主義分子，走出門來是風風火火，典型的女強人。坐在家裡是威風凜凜，典型的母老虎。平日裡一言不合，大耳刮子掄將起來，只聽啪啪啪，張巒的臉頰馬上印著清晰的手掌印。挨打的時候還不許躲，打完了左臉，馬上得主動把右臉送過去，慢了都不成。

總之一個字，兇。

話說一天，那金氏又將老公暴打了一頓，隨後上床歇息。迷迷糊糊進入夢鄉，恍忽間，就見一片荒野，冷風漸寒。蒼藍色的天空上，孤零零地懸掛著一團冷月。

那月亮卻也詭異，分明正在向她冷笑。

月亮也會笑？正在吃驚之際，突聽嗖的一聲響，那團月亮竟凌空直撲過來，噗一聲撞入懷中。

慌亂中，她用雙手一抱，卻不想月亮撞來之時，力道極大，只聽她慘叫一聲，懷抱著老公從床上倒跌下去。

一摔摔醒了，她怒氣衝衝地爬起來，不由分說，劈頭蓋腦又將老張痛打了一頓。打著打著，忽見他的模樣說不出的可憐，心頭一軟，不由得把他抱在懷中，軟語安慰道：「打你，是因為我愛你，打在你身上，疼在我心裡……」

是夜，金氏幸福地懷上了身孕。

十個月後，一個白白胖胖的女娃娃出生了。這孩子打小生活在蜜罐裡，淋浴在溫暖的陽光下，自出生起就天天看著老媽痛打老爸，耳濡目染，積習日久，對於家庭和兩性關係的理解，遠遠領先了那個時代數百年。

總而言之，這小女生心目中的理想家庭，應該建立在男女平等的基礎之上，只要老婆高興，隨時都可以揍老公一頓。

現在，衆臣就選中了這個女孩，讓她嫁給朱祐樘，出任太子妃。

看看歷史，多麼的怪異啊！

朱祐樘原本就養成了奴性人格，即使娶個柔情似水的女子，也未必能夠醫治過來。偏偏缺德的大臣們又惡搞，雪上加霜，故意給他配個女暴君。這不是明擺著的，想讓倒楣孩子永無出頭之日？

張氏嫁過來沒多久，宮裡的女霸主萬貞兒就死了，緊接著朱見深也飛快死去。於是，權力眞空出現。

現實生活中的桎梏已然解除，名義上來說，朱祐樘乃天下第一人，盡可以爲所欲爲了。然而，心靈中的陰影揮之不去，他的靈魂，始終還是伏地跪著的可憐姿態。

他需要時間站起來。

第 4 章

那漫長而殘酷的蜜月

朱祐樘患有多重恐懼症，當中最嚴重的是女性恐懼症，女人，在他的生命記憶裡，與死亡象徵無異。所以，他只能滿懷恐懼地蜷縮於龍床之上，流淌淚水。

奴性人格一旦形成，幾乎無可痊癒。要想讓朱祐樘那跪著的人格立起來，可能性微乎其微。可以說，這得取決於他和皇后張氏的情感博弈。如果能贏，壓抑已久性格只怕要很快走向另一個極端，從此殺人如狂，嗜血如魔。而若輸掉，張氏就贏得了頭彩。

當然，當時的兩人都不知這一切，只是用充滿了恐懼和猜疑的眼睛，偷偷地窺視對方。於張氏而言，她德容兼缺，嫻淑俱無，完全是僥倖混進皇宮，心裡只擔心哪天一個按捺不住，暴露出自己的狐狸尾巴，被人打回原形，那可就慘了。

於朱祐樘而言，他已經患有多重恐懼症，當中最嚴重的就是女性恐懼症，女人，在他的生命記憶裡，直與死亡的象徵無異。所以，他只能滿懷恐懼地蜷縮於龍床之上，於暗夜中偷偷流淌淚水，等待自己的終極命運。

這一等，就是整整四年。

我們有充足的證據證明，四年以來，這倆活寶雖然睡在同一個被窩裡，卻硬是沒有嘁哩喀嚓過，沒有事實上的夫妻生活。想想吧！歡天喜地入洞房的時候，朱祐樘十八歲，張氏十六歲，這個年齡階段的孩子，正是最容易弄出性罪錯的一群，好奇啊！你打開我，我掰開你，瞧一瞧，看一看，研究研究該怎麼辦……這一研究，把女生的肚皮研究大了，是必然的。

但是，他們婚後整整三年，張氏都沒有懷上孩子。直到第四年，才好不容易生下千古怪胎朱厚照，大明帝國未來的第十一任皇帝。

鐵一般的事實，表明了底下兩樁事：

頭一樁，倆活寶的性機能正常，身體機能健康。

第二樁：他們曾經親如一體地挨擠在同一個被窩裡，你摟著我，我抱著你，做了長達三年之久的春夢，硬是沒有生出小寶寶。

不是兩人身體力行，宣導晚婚晚育，也不是講究優生，那年頭才不琢磨這個。問題估計出在婚後的前三年，二人始終未能配合成功過一次。

這廝的奴性人格，那廝對權力的疑忌，將性本能牢牢地閉鎖起來。直到第三年，張氏才總算把身邊這個怪男人給研究透徹。

她發現，這個男人的腦子明顯有病，進了臥房，馬上蜷縮到角落裡，一聲也不吭。如果她不吩咐，他不會有任何的主動行爲。可等熟悉了這個房間，他就再也不願意走出去了。不怪朱祐樘，他曾經在冷宮的陰暗處躲藏十幾年，這才勉強保住性命。除開躲藏，根本不知道還有其他的生活方式。

原來男人是這個樣子的啊！可想而知，張氏心裡是多麼的好奇。隨後，她開始引導這個男人，指揮這個男人，吩咐他，命令他。過程中，朱祐樘表現得相當合作。當然，偶爾也會試圖主張自身的獨立意志，可當此時，只要她把眼睛一瞪，他立即萎蔫。

比狗還要聽話耶！

儘管如此，張氏仍然未有弄權的想法。事實上，她和朱祐樘一樣，都被狹矮的皇宮囚禁了起來。因爲恐懼陌生人，朱祐樘從來不敢出門去上朝，從早到晚，就只躲藏在房間裡。她大概曾鼓勵過他，但時日長久，終究是放棄了，甚且或多或少地受到影響，以爲他們所躲藏的這間屋子，就是全部的世界。

直到長子朱厚照誕生，她終於第一次與宮外接上頭。家人送信賀喜，明確提出要求：當官！全家人統統當官！

家裡的丫頭已經生下了太子，從此張家之人，最小的輩份也是皇叔了。難道想讓大夥跟三國的劉備劉皇叔一樣，擺攤賣草鞋？收到這封信，張氏若有所悟，一改作風，開始將自身的強橫意志加於朱祐樘身上，並迅速取得成功。

第5章

黑幫大火併

張氏兄弟派家丁蜂擁衝入太皇太后周氏的地盤，大肆逞兇。可對方的後台是太皇太后，怕你個卵子？當即洶洶集結了大批的黑社會人馬，要與其一較高低。

在張氏的吩咐下，躲藏在深宮裡的朱祐樘，終於發佈登基以來的最高指示：封皇后的親爹張巒爲壽寧伯，封皇后的大弟弟張鶴齡爲壽寧侯，封皇后的小弟弟張延齡爲建昌伯，不久又晉升爲建昌侯。

再由國家掏錢，爲張家修築一座華麗的家廟。還有還有，賜四百餘頃良田爲私田。可由張家自己跑馬占地，看中那片就要那片。

張鶴齡、張延齡兄弟大喜，商量了一下，成立一家張氏兄弟拆遷辦，先劃出土質最肥沃的一大片土地，隨即展開轟轟烈烈的大拆遷。

居住在這片土地上的居民自然很是訝異，怎麼一夜之間，自己家的地就不作數了，全成張家的了，這還有沒有王法啊？

不行！大家一起去官府告狀。

官府收到狀子，在上面劃一個圈：請壽寧侯、建昌侯酌情處理。

案子報到張氏兄弟手中，二人將上訪的百姓捉來，「知道啥叫和諧吧？知道吧？和諧就是……啥？不知道？敢不知道，給老子往死裡打！」直打得大夥哭喊連天，伏屍於路者，不知凡幾。

然後，兩兄弟在路旁貼上大標語：嚴打違法上訪！一人上訪，全家丟人！一家上訪，全村恥辱！我拆遷，我光榮；你上訪，你狗熊！一管二抓三勞教，上訪不如房拆掉！張家利益重於泰山，立即回應，馬上拆遷……

激昂的口號聲中，張家派出成群結隊的家丁，手持木棍，把無辜老百姓從家裡統統趕了出去。

地方官實在看不下去了，紛紛上書：陛下，求你了，管管你二舅哥，管管你小舅子，做人不帶這麼流氓的。

朝官彈劾，要求處理此事。朱祐樘躲在皇后的身後說：「眞有這事？不會吧！那要不，咱們派個調查組，下去調查調查？」

調查組由巡撫高銓帶隊，來到拆遷現場，看著滿地的鮮血，以及跪得黑壓壓的百姓，深情地嘆息道：「爲啥俺的眼裡常含淚水？因爲俺對這片土地愛得深沉！爲啥俺對領導的感情如此之深？只因爲這疙瘩清一水全都是刁民。」

很快調查取證完畢，回來報告說：「陛下，全都查清楚了，是這麼一回事：你二舅哥、小舅子，承包了一塊鹽鹼地，正在揮汗如雨，吭哧癟肚地大搞基本建設。鄉親們都激動地唱道：『當年的爛泥灣，和今天不一般，大舅哥來是模範，又種田來又生產。咱們走上前，鮮花送模範……』」

朱祐樘聽了，長出一口氣道：「我說呢，現在有些人啊，就是唯恐天下不亂。前些天不是有大臣建議嚴打嗎？現在就開始吧，嚴打刁民，不能再讓他們胡言亂語。」

正說之間，二舅哥、小舅子又鬧出事來了。照大明祖律，皇親田戚、王公大臣的自留地，每畝徵銀不得超過三分，可兩人不管那麼多，規定他們劃定的片區內，每畝地必須上繳五分銀，少一分就水牢伺候。

朱祐樘問張皇后，「這事該怎麼辦？」

她道：「什麼叫怎麼辦？涼拌！我大弟弟、二弟弟，每畝地徵銀五分銀，那是他們的企業經營自主權啊！你當皇帝的不應該干涉。」

「好像也對……」

這事又這麼過去了。但緊接下來，張氏兄弟更加兇猛，派了家丁蜂擁衝入太皇太后周氏的地盤，連打帶搶，大肆逞兇。

可對方的後台是太皇太后，只比皇后高，不比皇后低，怕你個卵子？當即洶洶集結了大批的黑社會人馬。張氏兄弟也不甘示弱，同樣找了江湖黑道上的兄弟，傾巢出動，要與其一較高低。

雙方人馬於京、津兩地間的廊坊相遇。

張家這邊清一色黑衣黑帽，人手一柄超長西瓜刀，高舉一大幅標語，上書：嚴打黑惡勢力，天下唯我獨尊！

周家那邊清一色黑帽黑衣，雪亮的西瓜刀握於手中，也舉一大幅標語，上書：剷除不法之徒，世上唯我稱雄！

兩排標語，鮮紅的大字怵目驚心。

數千人默默對峙，都是一聲不吭，只惡狠狠地盯著對方，足足盯了兩個時辰，忽然風起，才聽得兩廂裡同時吶喊一聲：「殺啊！」

轟的一聲撞擊在一起，然後激烈地砍殺起來。嗖嗖嗖！嚓嚓嚓！直砍得鮮血飛濺，耳朵鼻子肉片子滿天狂飛。足足砍了一天一夜，卻因爲兩邊的衣服打扮一般無二，沒有絲毫區別，所以絕大多數時候，都是自己人在砍自己人。

誰砍誰倒是無所謂，關鍵是要砍出風格，砍出魄力，砍出氣勢。在這個問題上，無論是皇后張家，還是太皇太后周家，都有清楚明白的共識。

黑道兄弟捲入朝廷政爭，在荒野中大火併，皇后張氏和太后太后周氏不依不饒，雙雙逼迫朱祐樘表態。

他老兄怕得要死，躲又無處躲，藏又無處藏，正在驚恐之際，忽然傳來天大的利多消息：靖王家亂！總算把他從兩難的困境中解救出來。

靖王家亂，這又是怎麼一回事？

第 6 章

殺人狂孵化器

朱見濂把老娘逮住，關進一間小黑屋子裡。自己坐在門口，喝著美酒，吃著肥肉，一邊吃喝還一邊問：「媽，妳餓不餓？餓的話說一聲，兒子再多吃兩口。」

靖王，乃永樂皇帝朱棣的孫子朱祁鎬——看看這祁字，就知道這廝乃朱祐樘爺爺輩的，與英宗朱祁鎮、景泰帝朱祁鈺是同父異母兄弟。

話說朱祁鎬呢，先和一個老婆生了兩個兒子，老大叫朱見瀟，老二叫朱見溥。當中，朱見溥娶了個漂亮老婆何氏。然後，朱祁鎬又和另一個老婆馬氏，生下了兒子朱見潭，朱見潭也娶了個美貌老婆茆氏。

此外，朱祁鎬還有一個兒子，叫朱見景——他是日後一系列慘案的見證人和舉報者，知道有這個人就行了，不用多理會。

問題出在朱見瀟身上。此人脾氣比較大，總是怒氣沖沖，怨天尤人。他認為，自家老娘對他不公，不喜歡他，偏愛弟弟朱見溥。他的怨氣，有可能是眞的，也有可能不是，但不管怎麼說，五指有長短，手心有薄厚，偏心眼的媽，世上確實是有。可再偏心，總還是母親呀，沒錯吧？

錯！朱見瀟不這麼認為，他覺得偏心是錯誤的，應該予以嚴厲糾正。

如何糾正？

很簡單，把老娘逮住，關進一間小黑屋子裡。自己坐在門口，喝著美酒，吃著肥肉，一邊吃喝還一邊問：「媽，妳餓不餓？要是餓的話跟兒子說一聲，兒子再多吃兩口。」就這樣在小黑屋的門前坐了幾天，終於再聽不到母親說餓了，打開門一瞧，嘖嘖！原來已經活活餓死了。

就這樣，朱見瀟成功地餓死親娘，避免讓她在偏心弟弟的錯誤路線上越走越遠。幹成一件好事，朱見瀟心情愉快地來到後花園，正見弟弟朱見溥坐樹下讀書，當下大喜，操起一根木棍，一聲虎吼：「呔，哪裡走？」不由分說，撲將過去，只聽砰砰砰之聲不絕於耳，朱見溥的慘嘶之聲越來越微弱，漸漸無聲無息。

朱見瀟欣慰地放下手中的棍子，現在，世界終於清靜了。

接下來，全家哭著辦葬事。

朱見溥的妻子何氏穿著孝衣走出門，驚見大伯子手持一束鮮花，等在門前，一面翩翩起舞，一面歌曰：「美麗的姑娘千千萬，只有妳最好看。妳像天上的月亮，月亮走，我也走。妳跟大伯到村頭，把我下到井裡頭，切斷繩子轉身走……」

《明史·諸王傳》上記載說，朱見瀟誘姦了弟弟的妻子何氏。沒有說動粗，說明他老兄並不總是那麼野蠻，必要的時候也是知情識趣的。

下一個目標，是同父異母弟弟朱見潭的妻子茆氏。

然而茆氏不容易得手，倒不是朱見潭有意見——他敢有什麼意見？大哥看上自己的老婆，他應該高興才對。

有意見的是朱見潭的母親馬氏，老太太知道朱見潚這王八蛋在打兒媳婦的壞主意，就對茆氏實行二十四小時貼身跟蹤，讓他無法下手。

朱見潚勃然大怒，找了幾只空口袋，裡邊裝滿了泥土，讓人背過來，一把揪住老太太說：「來！咱們做個遊戲，看誰能打破背負最重的世界紀錄。」說著將人按倒在地，把裝滿了泥土的布口袋一只只地堆上去。放著放著，老太太竟然不見蹤影，仔細一找，才發現人已被壓得陷入地面。挖出來看，當然沒了氣息。

這是朱見潚弄死的第二個媽了。

沒了馬老太太礙手礙腳，繼續向兄弟媳婦茆氏求歡，結果當然是如願以償。家裡的女人都搞過了，他將目光轉向了王府之外。此後結交一大票江湖朋友，每天呼嘯於鬧市之間，見有美貌女子，當即攔腰抱走，玩得甭提有多開心了。

朱見潚玩得快樂，他的另一個弟弟朱見景卻嚇壞了，知道這廝繼續折騰下去，遲早會招來滅門之禍，於是悄悄地寫了封上告檢舉信，將大哥的劣行全部揭發。

第7章

首先向領導彙報

朱祐樘再膽小，再懦弱，也知道自己才是皇帝，小舅子張鶴齡絕對不是。如今，對方已明擺著跟他爭搶龍椅坐，倘若繼續下去，豈不是……

靖王家亂是朱祐樘登基以來，處理得比較大的一樁案子。它告訴了我們：老朱家的基因傳承，出了問題。

出了什麼問題？

很顯然，朱元璋自己的基因鏈上，有一個帝王的結點。這個結點向右偏一點，就得到朱見深、朱祐樘這種奴性的怪異人格。這個結點向左偏一點，就得到朱見瀟這種嗜血如狂的殺人魔人格。而帝王的標準人格，恰恰卡在奴性人格與魔性人格之間！從一個極端，來到另一個極端，老朱家的基因，終於暴露出穩定程度不足的致命缺陷。

變態殺人魔朱見瀟的閃亮登場，剎那間搶走所有人的鋒頭，整個朝廷都被這傢伙反人類、反文明的挑釁嚇得呆了。就連朱祐樘也強忍著恐懼症走出房間，責令把朱見瀟逮起來，讓他面壁思過，好好反省。

趁這工夫，張皇后的大弟弟張鶴齡卻躡手躡腳地走進皇宮。四顧無人，縱身一躍，噗哧一聲，一屁股坐在龍椅上，閉著眼睛，恣意地享受起來。

敢於如此表現，主要因爲他們張家吃定了朱祐樘軟弱，打心裡瞧不起這個老實巴交的皇帝，認爲龍椅你能坐，我憑什麼不能坐？不服氣的想法在他的腦子裡待得久了，終於幹出事來。

卻不曾想，皇宮大殿，每個角落都有値勤的人員。中官何鼎恰好在殿裡，見此情形，不由大駭。

這麼個搞法，可是理應誅族的十惡不赦大罪啊！盛怒之下，何鼎抓起一顆木瓜，逕向張鶴齡的腦殼砸去。

如果一木瓜砸下，真將腦殼給砸爛，也就完事了。可當木瓜湊近的同時，何鼎突然想到：這麼一個搞法，不妥當，大大的不妥當！

要想妥當，首先，應該向領導彙報。

於是他轉身飛跑了去，把事情告訴了皇帝。

朱祐樘聽了，氣憤地說：「居然有這種事，簡直太不像話了！你等著，我向老婆彙報一下。」

何鼎當場傻眼，居然還要向張氏彙報，這豈不是……

果然，張氏聽完彙報，大怒道：「這件事絕非偶然，是暗藏在朝廷裡的階級敵人，向我們張家發起的猖狂進攻。何鼎後面，一定還隱藏著一個反動集團。叫錦衣衛來，馬上徹查此事，不管他幕後的人官職有大，背景有多深，肚皮有多肥，一定要揪出來，一網打盡！」

如狼似虎的錦衣衛兇猛撲至，將何鼎拖下去，先是一頓暴打，打得面目全非，而後逼問：「說！快說！你的背後，還有沒有別的人？」

「有！」

響亮的一聲，把錦衣衛全弄糊塗了。誰都知道這是根本沒影子的事兒，怎麼會承認呢？趕緊追問，就聽他答道：「是孔子、孟子。孔子他老人家教導我說，我欲仁，斯仁至矣。孟子他老人家教導我，自反而縮，雖千萬人，吾往矣。你們聽明白了沒有？」

錦衣衛一聽，事情可不好辦了，幕後指使何鼎的，居然是孔聖人，只好先把供詞報上來。朱祐樘接到供詞，哭著道：「老婆妳看，何鼎是個忠臣啊！」

張皇后冷笑，「忠臣個屁！試看城中，竟是誰家之天下？他居然敢向我們張家發起猖狂進攻，我就饒不了他。來人！帶最粗最粗的木棍去監獄，給我把姓何的打成肉泥！」

棍棒起落，血肉橫飛，淒厲的慘嘶聲中，何鼎被活活打死。

這件事，給了朱祐樘前所未有的刺激。

他再膽小，再懦弱，也知道自己才是皇帝，小舅子張鶴齡絕對不是。如今，對方已明擺著跟他爭搶龍椅坐，主持正義的臣子反而讓老婆活活打死，倘若繼續下去，豈不是……

悲憤之下，他親自爲何鼎撰寫悼詞，命人刻在墓前的石碑上。以這樣的手段，表明自己對龍椅的權力主張。

但是，他與悍婦張皇后的爭鬥，只能做到這種程度。倘若沒有一個能夠克制張氏的人出場，這沒骨頭的老兄，遲早要讓老婆活活掐死。

絕望時刻，一聲啼響，彷彿石破天驚，給朱祐樘送來人生的希望——悍婦張氏的剋星，終於出世！

第 8 章

剋星降世

李夢陽聽說皇后張家和太皇太后周家公然展開全面武鬥的事件，再一打聽，得知張皇后出生時，她娘親夢到月亮入懷。自家老媽夢到的可是太陽啊！

皇后張氏的剋星，叫李夢陽——光是聽名字，就知道此人頗有來頭。

李夢陽，甘肅慶陽人，父親乃周王府的私家老師。母親生他的時候，做了一個奇怪的夢，夢中，就聽嘰哩咕轆的一陣車輪滾動聲，抬眼一看，竟是高天上那一輪紅日，嘰哩咕轆地向她滾過來，噗哧一聲，直撞入懷中。這時候就感到一陣溫熱，然後是嬰兒的啼哭之聲，李夢陽出世了。

說老實話，李家做的這個夢，若早個幾十年，那可是非法的，因為夢日入懷，擺明有天子之命。但在朱祐樘時代，由於這老兄患有恐人症，躲起來不敢見人，國家的治理已經癱瘓，別說做夢夢到太陽，就算是夢到自己把太陽煮熟吃了，也沒人理你。

所以啦，李夢陽的母親不僅大肆做了一個非法的夢，更公然將兒子命名為「夢陽」。單從這兩個字看，這家人的膽子都不小，有點要和老朱家比劃比劃的意思。

李夢陽開始讀書，書一讀可了不得，小東西果然是個天才，書本落到他手裡，立即滾瓜爛熟。不日之間參加鄉試，輕取頭一名，然後到北京參加科舉，又考中進士。不過十八歲，已經成為大明帝國戶部的戶部郎中——準副級幹部了。

十八歲就當上副部級，幹部年輕化，不得了啊！

當上副部級幹部之後，李夢陽首先聽說皇后張家和太皇太后周家各自糾集黑社會，公然展開全面武鬥的事件。再一打聽，得知張皇后出生時，她娘親夢到月亮入懷。自家老媽夢到的可是太陽啊，月亮屬陰，太陽則是日，意思是他可以……當下信心十足，把桌子一拍，幹啦！

上奏章，超長的奏章，上面詳細地列舉了張氏家族橫行不法的種種劣跡，並大聲呼籲：再也不能聽之任之了，是到了動眞格的時候。

朱祐樘大喜，按慣例向老婆彙報：「老婆，妳看看……」

張皇后勃然大怒，「好大的膽子！錦衣衛呢？還不快點行動！」

於是李夢陽被逮進大牢。不想此人的名氣，實在是太大太大，朝中百官都對這年輕人寄以無限的期望，如今見他被逮，六科給事中、十三道監察御史，一起寫奏章論救。可以說，朝廷中所有的官員，幾乎都爲同樣的目的行動起來。當然也有人忌恨李夢陽，企圖在後面拆台，但聲勢太小，可以忽略不計。

如此洶湧的來勢，足以讓朱祐樘舉棋不定。張皇后更怒，索性把自己的老媽金氏叫進宮，兩個人衝著他大吼大叫，逼迫他立刻搞死李夢陽。

朱祐樘一向害怕這兩個女人，但此時，心中有另一個更大的恐懼——死亡！

不知是通過什麼技術手段，他分明已預感到自己命不久矣，正在考慮爲日後接班的兒子留下幾個能臣，李夢陽無疑是最合適的人選。

這願望之強烈，已經壓過對張氏母女的恐懼之心，生平頭一遭，竟扯開嗓子吼罵起來：「吵吵吵！吵個老母！」一句吼完，自己先嚇一跳，生恐遭老婆與丈母娘聯手暴打，趕緊掉頭飛走。

朱祐樘驟然發火，可把張氏母女嚇呆了。說到底，二人再兇惡，也只不過是吃透了朱祐樘的懦弱。人家畢竟是皇帝啊，眞要說宰了她們，就是一句話的事。商量一番，決定先不招惹他，轉而對朝臣們做工作。

不多久，朝臣報上案審結果：李夢陽狂妄孛謬，建議斬之。

朱祐樘看到這結果，知道又是張氏母女在背後搗鬼，心裡說不出來的鬱悶，忍不住問道：「李夢陽到底是什麼樣的人？」

一個大臣低聲回答：「赤膽忠心，傾心爲國。」

他欣慰地點了點頭，發表最高指示：李夢陽，膽大妄爲，行爲孛謬，必須嚴懲，非不嚴懲，不足以儆效其尤。

那麼，如何一個嚴懲法呢？就見他用顫抖的手提起筆來，在案卷上寫道：扣發三個月獎金，官復原職。

消息傳出，朝堂先是寂默無聲，數秒之後，就聽轟的一聲巨響，所有大臣都像瘋了一樣狂跳起來，「勝利啦！這一次終於勝利啦！早就知道聖上是個明君，你看看，果然沒錯！」

接著衆人蜂擁衝入天牢，扛著李夢陽出來，去大街上遊行歡慶。

事情就這麼巧，歡慶的隊伍正載歌載舞，前面忽然來了一支隊伍，仔細一瞧，呵呵！呵呵呵！都說冤家路窄，迎面而來的居然是皇帝的小舅子張鶴齡。在場人怔愣之際，已聽一句叱罵：「丟你老母！」

就見李夢陽自人群衝出，指著張鶴齡的鼻頭破口大罵，「你這個奸賊，誤國害民，老子今天要爲民除害！」不由分說，掄起手中的馬鞭，只聽啪的一聲脆響，兩枚牙齒從老張的嘴巴裡飛出來。

史書上說，張鶴齡的牙齒被打落，卻連回罵的勇氣都沒有，更不敢還手，只是掉頭飛也似地狂逃，李夢陽率人在後面吶喊著窮追不捨。

經此一仗，奠定他在朝臣中的重要地位。

一片熱鬧聲中，有太監急馳出宮，「告訴大家一個天大的好消息，皇帝就要死翹翹啦！」

當朱祐樘毅然和皇后翻臉，保護名臣李夢陽時，就已差不多奄奄一息了。臨終留言：「我最不放心的，就是太子……」

然後他便死了，把這片花花江山，留給了古惑仔朱厚照。

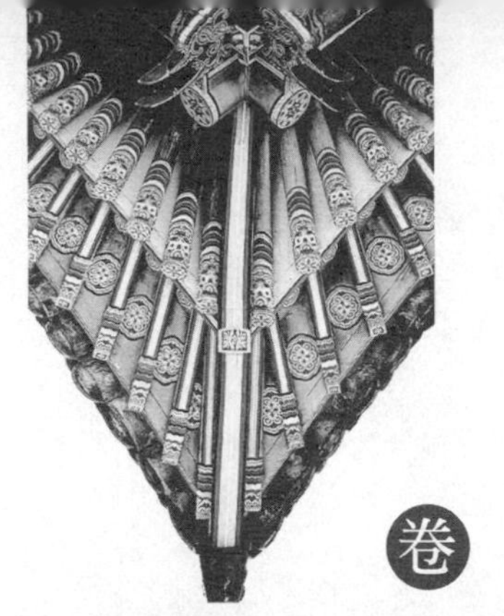

卷八 古惑仔的江湖歲月

朱厚照堪稱一則永久性的傳奇。

在他之前，沒有古惑仔帝王，

在他之後，自然也不可能再有。

究竟是什麼樣的天地邪氣凝聚，

造化出如此的怪胎？

第1章

皇上，哪裡走？

群臣在大學士梁儲、蔣冕、毛紀等人的率領之下，駕駛著馬車，浩浩蕩蕩地衝出京城。一路追擊到沙河地帶，果見前面出現一輛馬車，正匆忙趕路。

西元一五一七年，大明帝國的文武百官，按慣例早早聚到朝堂之上，等待天子上朝。一直等到大中午，也不見朝中有個動靜。沒關係，大家已經習慣了，管自仨一堆五一群，蹲在地上玩五子棋、彈玻璃球。

正玩得開心之際，突然宮裡衝出一人，口中塞著麻布，雙手雙足俱被反縛，所以行走已是不可能，居然是蹦著出來的。

衆人看得稀奇又驚訝，上前揪出那人口中的破布，問道：「你是何人？爲何要反縛了雙手雙足？於朝堂之上不走而蹦，成何體統？是何道理？」

就聽那人哭道：「衆位大臣，不好了！我是皇上的侍寢小太監。凌晨時份，皇上他他他……他逃走了耶！只因爲我阻攔，不讓他逃，結果讓他把我捆成了這麼個模樣……」

皇上逃走了？

在場人不由得皺起眉頭，「逃走不稀奇，稀奇的是，他到底要逃到哪裡去？」

小太監繼續哭道：「皇上是要北出塞外，說去找韃靼小王子單挑，較量一下世間誰是眞英雄。」

大臣們頓時牙疼，娘的！這叫什麼狗屁皇上啊？放著舒服的龍椅不坐，非要去江湖上招災惹禍！沒奈何，此事斷斷不允，大家立即出發，務須將皇上捉拿歸宮！

於是，群臣在大學士梁儲、蔣冕、毛紀等人率領之下，駕駛著馬車，浩浩蕩蕩地衝出京城。

一路追擊到沙河地帶，果見前面出現一輛馬車，正匆忙趕路。那趕車的，風姿秀立，貌美如花，比之於女子還要娟秀，正乃大明帝國頭號佞臣江彬是也。有他在，那麼車裡坐的，必是當世皇上明武宗朱厚照了。

衆人高喊：「站住！繳槍不殺，再跑就跟你們不客氣了……皇上，你馬上給我們回來，否則由此造成的嚴重後果，概由你自負！」

前面的馬車聽了喊話，並不理睬，反而跑得更快了。沒奈何，大夥排兵布將，你從西攔，他往東堵，今天不捉住皇上，絕不收兵！果不其然，人海戰術之下，即便江彬東逃西躲，最終還是落入重重的包圍圈中。

「皇上，你給老子出來！」群臣怒氣沖沖地殺過去，揪下車簾，探頭往裡一看，不由得怔愣當場。

車裡邊空空如也，並無一人。

皇上哪裡去了？莫不是飛了？

眼見得衆大臣滿臉茫然，佞臣大笑起來，「一群笨蛋，哪曉得皇上英明神武，神機妙算？實話告訴你們，皇上早料到你們會傾朝出動，前來追捕，所以先知先覺，技高一籌，事先布下了疑兵妙計，果然一個個都上當了，哈哈哈！」

「然則，現今皇上何在？」

江彬的目光一轉，投向了蒼涼的北方，「我家皇上，此時早已出了居庸關，到了塞北，正要施展皇家秘傳絕技，生擒那韃靼小王子……」

「扯——蛋！」衆臣齊齊昏倒。

第 2 章

妙計迭出的怪天子

朱厚照拿出銀子，遇到過往的行人，就招呼道：「銀子都給你們，只要替我做一件事：到了居庸關前，就四處散佈消息，說皇上已從別的關隘出關了。」

其實，江彬說皇上已經出了居庸關，不過又是一招疑兵之計。實際上，皇上逃出宮，只比群臣早了小半天，肋下又沒有生翅，哪裡能逃得那麼快？

待成功甩開笨腦殼的臣子們，他趕緊快馬加鞭，趕到居庸關前與皇上會合。居庸關的守將是個老頭，叫張欽。此時正在城上巡遊，忽聽城下連聲大吼：「張老頭，你個老不死的，快點開城門！老子是皇上，你聽清楚了沒有？」

張欽大驚，俯身向下看，只見城門前站著一個古惑仔，滿臉賊忒兮兮的油滑之氣。這張臉，他是再熟悉不過的了，赫赫然正是大明帝國的第十一任皇帝，武宗朱厚照是也。

皇上居然來了！張老頭氣急敗壞，忍不住破口大罵，「朝廷裡那麼多大臣都是吃屎的啊？怎麼連個皇上都看不住？讓他跑出來，這不是給老子添亂嗎？」

抱怨的同時，城下的武宗仍迭聲地吼叫，口口聲聲只叫老不死的快點開門。他想來想去，把牙一咬，衝城下吼道：「丟你娘，你是什麼東西，敢直呼老子之名？」

城門前的皇帝吃了一驚，「死老頭，你不認識朕了嗎？馬上給老子開門，否則要你好看。」

只聽張老頭回答道：「胡說八道！當今天子英明神武，正穩居於金鑾寶殿，你是何方地痞流氓，竟然敢冒天子之名？信不信老子一刀宰了你？」

「少裝糊塗，你明明認出我來了。開不開門？」

「我只認識金鑾殿上的皇帝，不認識居庸關前的皇帝。」

「啥意思？」

「很簡單，我受天子所託，守護居庸關，不許閒雜人等靠近。你若敢再上前一步，立斬！」

「老頭，你嚇唬我。」

「是不是嚇唬，你再上前一步就知道。老子的劍可不是吃素的！」

看張欽滿臉殺機，朱厚照不由得縮了縮脖子，扭頭跟親信江彬商量道：「情況不妙，老不死的看來是玩真的，現在怎麼辦？」

「易爾！兵來將擋，水來土淹，饒這死老頭六親不認，連皇上都敢砍，怎奈我妙計無窮，再來一招調虎離山？」

商量一陣，朱厚照和江彬退下，到路邊拿出銀子來，遇到過往的行人，就招呼道：「過來過來，這些銀子都給你們，只要替我做一件事：等會兒到了居庸關前，就四處散佈消息，說皇上已經從別的關隘出關了。」

一點小事就賺這麼多的銀子，眞是財運臨門，擋也擋不住啊！衆行人商客興高采烈地拿了銀子，緊接著就到居庸關前散佈流言，聲稱皇帝朱厚照已經出關了。守將張老頭聞訊，嚇得魂飛魄散，急忙大開城門，率兵將去追趕。

這邊朱厚照趁機溜出關隘，騎著戰馬，向大草原如飛逸去，從此投奔了自由，投奔了寬闊的天地。

沒過多久，張欽發現自已上了怪當，急忙返身追回來，早已來不及，只見寥落秋風，黃草淒迷。遼闊的大草原上，再不見皇帝朱厚照的影子。他眞是追悔莫及，只能趴在地上大哭，「皇上啊皇上，操你娘的皇上，你快點回來啊！關外韃靼人那麼的野蠻，萬一你有個三長兩短，這可怎麼辦哪？」

第 3 章

古惑仔的個人簡歷

朱厚照堪稱一則永久性的傳奇。在他之前，沒有古惑仔帝王，在他之後，自然也不可能再有。究竟是什麼樣的天地邪氣凝聚，造化出如此的怪胎？

逼得滿朝文武發瘋，逼得忠直耿介的老臣子嚎啕大哭，這就是大明帝國第十一任皇帝朱厚照的鮮明風格了。

然則，朱厚照何以形成如此鮮明的管理風格？

這個，還是先從他的個人求職簡歷說起。

- 姓名：朱厚照
- 出生：一四九一年九月二十四日
- 出生地：北京
- 生肖：豬
- 血型：O型
- 身高：一百七十公分
- 體重：四十八公斤
- 相貌特徵：滿臉精滑、詭黠，富大智慧卻玩世不恭
- 特長：玩
- 社會關係：

父親：孝宗朱祐樘

母親：張氏

妻子：夏氏

無子嗣

兩歲：出任大明帝國太子。

八歲：開始讀書。天性極聰穎，對知識充滿了熱切的渴求。

十五歲：患有嚴重畏人症的父親朱祐樘死，出任大明帝國第十一任皇帝。同年，韃靼小王子犯境，斫去人頭二千餘顆，牽走戰馬六千餘匹。

十七歲：大太監劉瑾用事，大儒王守仁遭受杖責，貶去龍場驛的途中，置鞋於岸，書絕命辭，瞞過劉瑾派來的刺客。

十八歲：有人上書批評劉瑾，劉瑾大怒，列爲大明頭號反動標語大案，責令全體大臣跪於烈日之下，三人曬死，渴而病死者無數，另有三百名官員入獄。後查出反標實乃宮內太監所爲。

二十歲：寧夏安化王起兵，要求換屆選舉，僅十八日，被和諧。隨後打掉了以劉瑾爲首的反皇帝集團，撥正了航船的方向。

二十一歲：不法分子劉六、劉七糾集不明眞相的群衆，大搞群體事件。

二十二歲：民間恐怖人士劉六遭官員追捕，中箭落水，劉七亦溺死。因聞聽韃靼小王子勇猛過人，心嚮往之，遂扔下龍椅潛逃出京，百官追捕而不可得。出關後如願與其大戰，取得了前所未有的大勝利。

二十八歲：世界頭號強國葡萄牙來朝。自行改名爲朱壽，封自己爲威武大將軍，引兵出征。

二十九歲：加封自己爲太師。不多久，寧王朱宸濠起兵，要求換屆選舉，大儒王陽明單騎走馬，克之，擒獲一干反叛。朱厚照大怒，下令釋放寧王。王陽明窺知上意，於是宣稱平叛乃按大將軍朱壽方略，朱厚照轉怒爲喜。同年，於揚州舉辦閱妓活動，無數妓女列隊走過，百姓興奮欲狂。活動後發表了南巡講話，鼓勵妓女們：膽子再大一點，步子再快一點……

三十歲：王陽明將寧王械送南京，朱厚照親自擂鼓，打開牢籠，放出寧王，親手擒之。

三十一歲：卒於豹房。

朱厚照的一生，堪稱一則永久性的傳奇。在他之前，沒有這樣的古惑仔帝王，在他之後，自然也不可能再有。

究竟是什麼樣的天地邪氣凝聚，才能造化出如此的怪胎？眞只有天知道。

綜觀其人生，大致可以分爲四個階段：太子階段、劉瑾用事階段、北征階段、南巡階段。除了太子階段不太好說之外，其後的三個階段，各自貫穿著一場恢弘的大規模戰事。其刺激的程度，普通人絕對無法想像。

現在，首先要解開的問題是：朱厚照到底是個怎樣的人？何種原因，導致了古惑仔歷史現象的出現？

若能採訪到朱厚照，我們首先提出的問題多半是：「請問小朱，你如何評價自己在歷史上的地位？或者說，你認爲自己是個合格的帝王嗎？」

「帝王？」聞言，他的眼神定然呈現出無限淒迷，隨即脫口道出這麼一句話：「這不是我想要的生活！」

沒錯，情形絕對會是這樣。假如眞有自由選擇的機會，朱厚照或者會成爲一個農夫，一個成功的掏糞工，一個街頭擦皮鞋的小廝，一個被城管追得到處亂跑的水果攤販……他可能選擇任何一種職業，除開帝王這門營生。

爲什麼？

因爲這孩子太聰明了。

有多聰明？

他的聰明，很難用言語來形容。確切地說，這個人，已經擁有了全然獨立的思想。再準確點說吧，這孩子生長的環境，更接近於現代的文明社會，從而導致內心生出只有現代人才能夠理解的種種想法。

第 4 章

這不是我想要的

朱厚照看得太透，太明白，任何事情在他的面前，甚至連探究的樂趣都找不到。過著這種日子，直如一個人活在沒有智力的螞蟻堆裡，真的好沒意思。

史書上有一種講法，說朱厚照實際上不是皇后張氏所生，而是另一位宮女，被朱祐樘幸御過後，生下的孩子。事後，張皇后將孩子給霸佔。此一觀點乃朱祐樘時代的社會廣泛認知，幾乎所有的老百姓，對此都堅信不疑。

大家有什麼證據沒有？

不需要，他們講究的從來不是證據，是個人愛恨。要知道，張皇后的兩個弟弟大搞拆遷，還糾結黑社會械鬥，數之不盡的無辜民衆受其荼毒。大夥恨得牙癢癢，於是發自內心地認爲，張皇后那樣的惡女，鐵定不可能懷上身孕——黑社會的女人都能生下龍種，還有天理沒有？

這種堅定不移的論斷，還眞催生出一些怪事，居然眞有人入京告御狀，聲稱要爲朱厚照的出生負責，但直到最終，事情都沒人能夠說得清楚。反正史書上已是鐵板釘釘，白紙黑字地寫著的了：朱厚照的生母，皇后張氏。事實上，她後來還生下了一個孩子，有力地駁斥了惡皇后無法生育說。

不管朱厚照到底是不是張皇后生的，很顯然，她在對待這個孩子的態度上，呈現的是鮮明的親娘風格，絲毫不帶後媽味道。因此，朱厚照的心理是健康的，不會像他的前兩任那樣，留下永遠無法抹除的陰影。

確定了這一點，接著再來看朱厚照的家庭環境——母親張氏兇悍兇猛，在宮裡說一不二。父親朱祐樘懦弱膽小，還患有嚴重的人群恐懼症。這個家庭，皇權結構是失衡的，是畸形的，卻有些類似於現代的女權興起。

朱厚照，成長在這樣的一個家庭裡，母親強勢而蠻橫，父親無比懦弱，終日以淚洗面。如果這個孩子的腦殼不太靈光，倒也罷了，偏偏他聰明過人，情商不是一般的高，對人際關係的微妙之處，洞察秋毫。任何時候，當他走進雙親的臥房，總要立即感受到母親咄咄逼人的強大氣勢。在這氣場的壓迫下，父親形同於無，被壓縮到了讓人無限可憐同情的渺小程度。

朱祐樘的形象，現代社會恰有一個標準稱呼：窩囊廢。

說來也怪，朱祐樘貴為天子，嫁給這樣的一個人，按理來說應該滿足了——如果你這樣想，未免太不瞭解女人了。

女性是非理性的，簡單說就是不講道理。

不講道理，蠻橫任性，這就是張氏縱容自己的兩個弟弟的原始心理。

試想，除了這樁事，她還能找到什麼道理可以不講？丈夫身為天子，富有四海，無論是任何要求，都可以通過講道理的方式達到，要想不講道理，就只能另闢蹊徑，橫行不法，與黑社會攪和在一起了。除此之外，她眞的沒辦法體現出自身特有的性格與可愛來。

我們要表明的是，所有這些，年幼的朱厚照都看得明明白白，洞若觀火。

心理學說，舉凡在男人在事業上取得成功，女性卻以其蠻橫占到上風的家庭，培育出來的孩子都會有一種智力上的優越感。然而，這樣的優越感將導致一種痛苦：看破紅塵的乏味。

朱厚照就是最好的例子。看得太透，太明白，任何事情在他的面前，甚至連探究的樂趣都找不到。過著這種日子，直如一個人活在沒有智力的螞蟻堆裡，眞的好沒意思。

能證明這一點的案例，實在太多太多，且隨便挑出一個來。

臨清鎮守太監黎鑑，因爲家奴橫行不法，遭受到都御史王詡的制止。他懷恨在心，就趁對方不備，一頭撞過去，把人撞得四腳朝天，然後悲憤地飛奔到皇帝面前，大哭道：「陛下，你要給我做主啊！那該死的狗官王詡，勒索我不成，竟然拿腦殼撞我。」

猜猜，朱厚照怎麼回答的？

當下，他只是白了黎鑑一眼，冷笑道：「少來，一定是你有求於他而沒有得到滿足。要不然，諒他一個都御史，怎麼敢欺侮你？」

黎鑑大駭，再沒敢吭聲。

單說朱厚照的智慧，縱然是唐太宗李世民、宋太祖趙匡胤，也不敢不佩服。這個，就叫看透。可是，一旦看透，人活著還有啥樂趣？

重複一下上面的結論：在父親事業有成，母親卻以暴君人格占到強勢的家庭，孩子會因著母親的寵愛與引導，擁有聰明的頭腦。但目睹父親的卑微慘狀，又免不了要產生玩世不恭的心態。

第5章

皇帝不急，急死太監

劉瑾不過是依附在權力尾驥的一隻寄生蟲，真正掌控權力的，是他背後的那位古惑仔。小指輕彈，噗哧一聲，顯赫一時的劉公公立即灰飛煙滅。

智力優勢，加上強烈的責任心、事業感，那就是李世民之類的千古名君。

將智力優勢加上玩世不恭，那就是明武宗朱厚照這個古惑仔。

把世界看得太透太透，缺乏神秘感，又因為太過於聰明，又是予取予求的天子，人生缺乏足夠的挑戰。所以登基之後，朱厚照將天下交給大太監劉瑾肆意禍害，而他自己呢，成天流連於花街柳巷，尋找感官刺激。

劉瑾用事，百官遭殃。

最大禍害發生在正德三年時，宮中突然出現反動標語——有人匿名上書，揭發劉瑾的種種罪狀。

劉瑾大怒，頓時喝令大小官員三百餘人，統統跪在奉天門下，若不交出寫反標之人，事情就沒完。天氣太過酷熱，當場有三名老臣子被活活曬死。其餘官員忍無可忍，異口同聲地斥責說：「一人做事一人當，是誰斗膽反對劉公公的英明領導？立即站出來！拖著這麼多人跟你一道遭罪，還有沒有一點社會責任感？」

誰知鬧到最後，居然發現這封匿名信很有可能是宮中太監寫的，此事只得不了了之。

此後，劉瑾的權勢愈發顯赫，心裡漸然生出憤滿與不平。他總想，朱厚照這個小王八蛋，到底有什麼了不起的？不就是投胎時選得比較精確嗎？真要說顯擺皇帝的威風，老子不是比他更有創意？

小人總是如此，從你這裡得到的越多，對你的仇恨就越深。劉瑾很快找來三個江湖術士：余明、余倫和余子仁。這仨傢伙也不傻，見到他，立馬大驚曰：「公公命中合當大貴！」劉瑾大喜，術士的話證實了他老劉才是天命有歸，遂密造印璽龍袍，準備找個合適的時候登基。

偏巧這時候，寧夏安化王也在到處找術士，怎奈當地流行的是巫風，最後只找到一名女巫，獻上一隻鸚鵡。

那鸚鵡綠腦殼、黃嘴巴，見到他就大叫：「我靠陛下，我可找到你了！」當場，他激動地哭了，「你看你看，早就知道這天子該由我來做，是應該換屆選舉的時候了。朱厚照那古惑仔，他不行啊！」

安化王遂反，師出寧夏，不幸遭遇到一個小小的游擊將軍仇鉞，被人家一陣嘁哩喀嚓、吱哩嗚啦，才不過十幾天的工夫，就被搗得稀爛，還被俘虜。

待朝廷派出的大軍匆匆趕到，驚訝地發現壓根沒有什麼平叛廝殺，只有一場規模盛大的獻俘儀式。

安化王全家男子宰光光，女性送入鳳陽皇獄，囚禁起來。唯有一個小孫子，飛逃入山，忽聞寺鐘之聲，大喜，於是入寺落髮，從此琢磨著吃齋念佛，不理人家閒事。不想有人的地方，必然有衝突，和尚廟雖然跳出三界外，不在五行中，怎奈得寺僧兇猛，欺負這孫子面生，每天變著法子折磨他。

眼看再待下去，難免被衆僧活活蹂躪至死，他走投無路，只好出寺自首——出來可就是千刀萬剮，可這孫子寧可被人剮了，也不肯再在廟裡多待一分鐘，可知寺廟是多麼的可怕。

朱厚照見這廝被廟裡的禿頭打得太慘，不忍心殺他，遂送入鳳陽高牆內圈起來。

安化王的孫子倒是後來的事，眞正要說的，是在征剿安化王的進程中，名臣楊一清與監軍太監張永風雲際會地碰到了一起，就商量說：「咱倆這麼有本事，不幹點事眞是太可惜了。幹點啥呢？要不，乾脆打掉劉瑾反動集團吧。」

張永回來，跪在皇帝面前，苦求幹掉劉瑾，卻遭到斷然拒絕，不由急道：「劉瑾可是要奪你的天下啊！」

朱厚照不耐煩地回道：「他要天下，那就拿走好了。」

這就是他對此事的態度。

可千萬不要以爲朱厚照沒心沒肺，不把萬里江山放在心上。他心裡跟明鏡一樣，江山這東西，是那麼容易拿走的嗎？噢，你說容易，那你拿一個試試！

這不，劉瑾愣是要拿，張永哭訴不休，他最後只能厭煩地道：「行了行了，你非要抓他，那就帶人去抓吧！」

好勒！聖旨就這麼下來了。

是夜，太監張永帶人闖入劉瑾府中，先將他捆成粽子樣，隨後搜出各種奇門兵刃，以及龍袍印璽。

刑官問：「對此，你如何解釋？」

劉瑾理直氣壯地回答：「我這是爲了保護皇上的安全。」

「請解釋，如何用龍袍和玉璽來保護皇上的安全？」

「這個……你還眞把咱家給問住了……」

毫無懸念，劉瑾被零敲碎剮。

瞧清楚了沒有？這就是所謂的弄權。劉瑾不過是依附在權力尾驥的一隻寄生蟲，眞正掌控權力的，是他背後的那位古惑仔，只要小指輕彈，噗哧一聲，顯赫一時的劉公公立即灰飛煙滅。正是因著太清楚這一點了，所以朱厚照始終都不把劉瑾放在心上。

皇帝不著急，太監張永偏要在旁邊瞎著急。說透了，所謂劉瑾企圖奪權云云，只是爲了清除掉此人，早日取而代之的危言聳聽罷了。

試想，天天看著這一張張勾心鬥角的嘴臉，能不煩嗎？

第6章

隨身攜帶寂寞

情愛一如政治，唯有在一知半解的朦朧狀態下，才能顯得美麗。朱厚照看得太透，最要命的是身邊女人又太多，她們不懂得他的心，也不是他真正的渴望。

厭惡於朝臣的名利相爭、勾心鬥角，朱厚照渴望著能有一片自由的天地，放飛他的心靈。於是，佞臣江彬噭的一聲浮出水面，走入歷史。

江彬其人，並非生下來就要當佞臣。相反的，他曾經是戰場上不顧生死，保家衛國的鐵血軍人。

此前，民間恐怖主義人士劉六、劉七混入京師，發現武宗朱厚照正在大街上和一群小流氓打群架。戰不多時，有司衝來，朱厚照掉頭狂逃，硬是沒有讓有司逮到，落得板子打屁股的下場。

劉家兄弟看得有點傻眼，忍不住道：「我靠！原來皇上是這麼個德性。玩這個，咱們可比他資格老啊！」

說幹就幹，裹脅不明眞相的群衆數十萬，遂反。

一段時間後，還只是一名戰士的江彬，奉命去給劉六、劉七做工作。雙方戰於淮上，只聽嗖嗖嗖，那邊狂射三箭，其中一箭恰好射在他臉上，貫頰而入，從耳根子後面透出。

當場他就火大了，猛一把拔下箭，罵了聲娘稀皮，不由分說，催師而入，亂箭射回去。劉六被一箭斃命，劉七落水而亡。

小戰士立下赫赫戰功，得到國家領導人的親切接見。

朱厚照問：「打仗好不好玩？」

江彬回道：「超好玩的！陛下，我跟你說，你當皇帝真是虧大了，還不如跟我……」

此言一出，遂有小皇帝夜逃出京師，大草原激戰小王子的精采故事。

朱厚照渴望著縱橫沙場的刺激人生，遂帶了幾個親隨，誑過居庸關守將張欽，衝向大草原。四方明軍聞知大駭，忙不迭地趕過來護駕。也是機緣巧合，韃靼小王子正集結了五萬人馬，挑挑揀揀不知從哪下手，聞知武宗親自出關，大喜，遂統師而來，與之決戰於陽和。

這場戰役，打得如火如荼，熱情洋溢。頭輪大決戰就是三天三夜不眠不休的大殺大砍，朱厚照躍馬揚威，親率江彬與親信太監張永殺入敵營。韃靼騎士向著他瘋了一樣撲過來，明軍急急護駕，架住他們的刀，讓老闆快過來砍腦殼。不想韃靼騎士忒不配合，竟然在這麼短的工夫裡，嘁哩咔嚓地砍掉一堆明軍的腦殼。

是役也，明軍摘下韃靼人的腦殼六個，自己的腦袋被人家摘去五十二個，還有五百多人負傷，從此接受國家撫恤金的照顧。

小皇帝玩過之後，接著爆發的是人類歷史上最具閃光點的「遊龍戲鳳」事件。

遊龍者，朱厚照也，因爲這廝一天到晚瞎溜達，跟泥鰍一樣溜滑，逮也逮不到，故稱爲遊龍。鳳，民間傳說是李鳳姐，但實際上這個女生姓劉，乃樂戶劉良的女兒，一位德藝雙馨的人民藝術家。

當朱厚照遇到劉姑娘，她已經有了人家，丈夫是樂工楊騰。正如我們所知道的那樣，這段婚姻是不牢靠的，缺乏感情基礎的。何以見得呢？很簡單，你什麼時候見過大牌女明星嫁給一個場記？

事態的發展，一絲不苟地遵循歷史的邏輯行進。朱厚照喜歡死了這名藝術家，就帶她回到皇宮去。

說到這裡，先岔開話題，聊兩句他那倒了八輩子血黴的皇后。這位皇后姓夏，乃大臣夏儒的女兒，本身沒什麼問題，無奈朱厚照打小目睹太多太多老媽欺負老爸的慘景，對女性有著一種先天性的抗拒心理，對這個皇后，下意識採取了敬而遠之的態度，從來不進她的臥房，不上她的床，活生生的把小女孩熬成了老處女。沒辦法，誰讓他的家庭那樣怪異？

如今，朱厚照有了劉氏，愛之不捨，帶到了宮中的豹房裡，從此對劉美人言聽計從。後來他要出差，去江南南征，臨走之前擔心劉美人的安全，就取下她頭上的玉簪說：「我拿這個當信物，如果有人來叫妳走，不見此物，千萬不可以離開，聽清楚了沒有？」

交代完畢，朱厚照就帶著玉簪上路了。不意才走出沒多遠，竟然就把重要的信物給弄丟。也說不定正由於信物丟失的刺激，他忽然強烈地想念起劉美人，趕緊派太監去把人接來。

可劉美人很聽話，不見信物，堅決不肯走。最後沒辦法，朱厚照只好乘舟夜歸，這才如願把她帶出來。

這大概是朱厚照生平頭一遭對女人產生情愛。但情愛一如政治，唯有在一知半解的朦朧狀態下，才能顯得美麗。他看得太透太透，最要命的是身邊女人又太多，且玩心太重。帶著劉美人一道檢閱楊州煙花女子組成的儀仗隊，開心倒是非常開心，可說到底，她們永遠不懂得他的心，也不是他真正的渴望。

身邊帶的不是美人，是寂寞。

第 7 章

儒家奇葩

儒家文化的特點，是聰明人學了會弱智，弱智學了會變傻，傻子學了會變白癡，只有極少數極個別的超天才，能夠達到超凡入聖的神異境界。

朱厚照是眞的不想當皇帝，不想像傀儡一樣，終其一生任人擺佈。但不當皇帝，未免虧得有點大，畢竟它是一項最難謀得的職業。可不是嗎？

世界上有許許多多的職業，如掏糞，如挑夫，如擦皮鞋，如扛痲包，只要你願意幹，絕對不會有人想攔阻。但若你原本是個掏糞工，忽發奇想，想要轉行當皇帝，那還眞不是一般的難。

所以，於朱厚照而言，最理性的選擇，莫過於皇帝繼續做，但人生的自由與心靈的放飛，也要持續地追求。

屁股已經坐在龍椅之上了，又如何一個追求自由法？遊山玩水也好，遊龍戲鳳也罷，北征打架也好，檢閱紅粉也罷，說到底，仍然是以一個皇帝的身分在做這些事。偏偏這皇帝之位是世襲來的，缺少必不可少的奮鬥歷程。連奮鬥都沒得有，人生的成就感，從何談起？

絕對的死局，卻硬是讓天才的朱厚照給破解了。他想出一個絕妙的法子：給自己一個全新的身分。甚至爲這身分取了一個新名字：朱壽。

所以，聽說寧王朱宸濠嚷嚷著換屆選舉，公然起兵，他大喜，立即頒旨：欽命奉天征招討威武大將軍太師鎭國公朱壽前往平定。現在的他，已經不再是皇帝朱厚照，而是赤膽忠心的戰士朱壽。

至於頭上的許多頭銜，沒辦法，那是人家北征韃靼小王子的時候，血搏沙場，九死一生拚掙來的，你敢不服不忿？

沒人敢不服不忿，威武大將軍朱壽興高采烈地出發了。

大將軍朱壽南征，準備去擺平鬧事的寧王。這寧王是個什麼樣的人？爲什麼吵吵嚷嚷地要換屆選舉呢？

推究起來，寧王也和前面的安化王、劉瑾沒多大區別，都是錯誤地估計了形勢，認爲朱厚照太古惑，完全不具有國家領導人的應有素質，索性主動尋求江湖術士的蠱惑，躍躍欲試地要大鬧一場。

寧王朱宸濠，是朱元璋第十四個兒子朱權的第六代孫子。正德八年，他找來江湖術士李自然、李日芳。倆傢伙到了南昌，大吃一驚，高呼曰：「我靠！不得了了！城的東南方向有天子氣！」

啥玩意兒叫天子氣呢？

講白了，就是全國人民一致期待寧王的英明領導的意思。

從此，寧王招降納叛，積極引進人才。武的有江湖大盜楊清、李甫、王儒等，文的有南昌舉人劉養正。然後又秘密聯絡江湖豪傑凌十一、閩二十四等兄弟，摩拳擦掌，準備大幹一場。

按計劃，他打算乘武宗朱厚照又滿世界亂跑的當口，假稱太后密旨進京監國，宰掉朝中討厭的大臣。緊接著便傳檄天下，號召全國人民揭發檢舉流竄犯朱厚照，有將其扭送公安機關者，頒發一定數量的獎金，並授予勞模的榮譽稱號。

計劃非常之完美，就是不太好執行。

爲啥不好執行？因爲寧王運交華蓋，時衰命蹇。鬧事時，恰好趕在中國歷史上知名大儒王陽明橫空出世的節骨眼。

更不懂了，王陽明出世，關人家寧王屁事啊？

這個……這麼說吧！夫王陽明者，乃中華儒家文化積累千年之久，好不容易終於盛開的那麼一朵奇葩。

說起儒家文化，眞是超級讓人上火。這東西的邏輯結構，深藏於零零星星的隻言片語之中，其特點是聰明人學了會弱智，弱智學了會變傻，傻子學了會變白癡，只有極少數極個別的超天才，能夠把握住宏大思想的脈搏，從而達到超凡入聖，刀槍不入，水火不侵的神異境界。

孔孟這鬧心的玩意，承傳了千餘年，苦等了千餘年，終於等到了王陽明。偏偏寧王選在這當口鬧事，你說，這不是自找不自在嗎？

講了老半天，來看看王陽明到底有啥了不起。

且說朱宸濠意氣風發，仰天長笑三聲之時，大儒王陽明正在福建打擊由一夥軍方恐怖人士發起的群體事件。

正鬧騰著，忽聞寧王起兵，他趕緊弄來一身農民工衣服，把臉塗得漆黑，一日一夜狂奔到江西臨江，然後和當地官府接洽，徵召四鄉民兵，抓緊朱宸濠攻打安慶的機會，來了個黑虎掏心，圍魏救趙，突兀地殺入南昌。

老巢被連窩端了，寧王驚訝得差點哭出來。我們老朱家正在商量換屆選舉的事兒，你個書呆子跟著瞎攪和什麼？大怒之下，回師營救，卻被王陽明讓開大路，佔領兩廂，搶空門而入，連奪南康、九江。老實厚道的朱宸濠上天無路，入地無門，只好逃往樵舍，希望建立一個解放區。

王陽明可是牛氣哄哄，一點也不饒人。催師猛入，水陸並進，四面合圍，很快便將朱宸濠本人並著老婆孩子、部屬朋友，統統抓了起來。一場完全符合法律的換屆選舉，就這樣讓他給徹底攪黃。

消息傳出，威武大將軍朱壽還在招討的路上。聞說朱宸濠已為王陽明拿獲，朱壽勃然大怒，當即發出最後通牒，勒令戰犯王陽明懸崖勒馬，及早回頭，馬上釋放朱宸濠，放棄與皇帝為敵的反動立場。否則，由此造成的一切後果，由他自行承擔！

第 8 章

武林又見風波惡

朱宸濠被送到了演校場上，就聽鑼鼓喧天，金戈齊鳴，紅旗招展，人山人海。籠門被打開，從裡邊鑽出來，立見朱厚照腰間圍了塊兜襠布，擋在面前。

按理來說，王陽明逮到了朱宸濠，平定了叛亂，這是好事啊！為啥朱厚照反倒勃然大怒？

這是因為，威武大將軍朱壽此番出征，志在必得。本打算由自己來狠狠教訓朱宸濠一番，將其擊敗並擒獲，從而青史留名，並順理成章地登基為帝……

發現了嗎？這是朱厚照給自己設定的一個人生遊戲，只有這麼玩過來，帝位才是由他奮鬥得到的，人生才能圓滿。

豈料大儒王陽明跟著添亂，竟然把朱宸濠逮住了，如此一來，朱厚照的人生目標在哪裡？什麼事都讓你王陽明幹了，朱厚照又該玩什麼？

把人家的人生課題搶去做了，這麼雞婆，難怪儒家不討人喜歡。

在朱厚照的暗示下，一夥太監蜂擁衝入南昌城，大叫著王陽明的名字，在街上破口大罵：「姓王的，你個王八蛋，丟你老母！馬上給咱家放了朱宸濠，否則罵死你！」

老百姓聽到罵聲，全都緊緊地關了房門，躲在家裡，趴在門縫上偷偷往外看，想看王陽明怎麼解釋。

很快的，王陽明笑瞇瞇地迎出來，把罵娘的太監們迎進內室，搬出一只箱子。

打開來，裡邊裝得滿滿，全是宮中太監們和寧王暗中勾結往來的書信。見狀，小太監們嚇得面無人色，再也不敢罵娘，趕緊跪下來求情。

他只道：「叫你們的張公公來。」

張公公，就是打掉大奸宦劉瑾的太監張永。

來到之後，兩人舉行了秘密會談。

「王陽明，不是咱家罵你，瞧瞧你自己辦的這事，太操蛋了！皇上折騰了這麼長時間，總算把寧王的謀反激起來，這是他的人生課題啊，完成之後，人就算成長起來了。你說你多什麼事呢？嫌你書讀得多，有本事啊？」

「抓寧王朱宸濠，是我不對，不應該，都怪我學習不夠，把自己等同於普通群衆。可是老張，你也替我想想吧！翻破了儒家經典，終於悟到終極人生智慧，如果不乘著寧王這件事情炒作炒作，天下人如何能知道儒家思想的博大精深？炒作成功了，大家就都知道讀書之重要，這可是千秋萬代的事業啊！相比於皇上的人生成長……他愛成長不成長，關我屁事？」

「王陽明，注意你的態度！現在你只有一條出路，何去何從，自己選擇。」

「什麼出路？」

「你必須重新炒作這件事，就說寧王朱宸濠之所以被擒獲，全是因爲皇上的英明領導，你只不過忠實地執行了皇上的思想路線，因而取得微小的進步。與各級領導相比，還需要加強學習，努力克服自身的不足，再接再厲，戒驕戒躁，再立新功。聽清楚了沒有？」

「你愛怎麼著就怎麼著吧，反正我把朱宸濠移交給你，不管了。老子回家教學生讀書去。」

於是王陽明重寫奏章，把擒獲朱宸濠的原因歸結爲「奉威武大將軍之方略」，然後將朱宸濠打入囚車，由張永押走。

囚車往南京去，朱宸濠餓得半死，苦苦要求給口飯吃，遭拒絕。不長時日，終於被送到了演校場上，就聽鑼鼓喧天，金戈齊鳴，紅旗招展，人山人海。籠門被打開，他趕緊從裡邊鑽出來，立見朱厚照腰間圍了塊兜襠布，擋在面前，口中大叫一聲：「哪裡走？」說著直撲過來，抄起他的腳腕，用力一掀。

寧王大怒，「你個小王八蛋，招呼也不打一個就偷襲，懂江湖規矩吧？」憤怒之下，疾撲回去，照朱厚照的腦殼猛揍。

有分教：帝王千秋古惑仔，沙場鏖戰把人宰。江湖邀鬥風波惡，腳丫專往臉上踩。鬥不若干回合，由於朱宸濠多日水米未進，又被囚於籠子之中，等於已先廢了一半的武功，果然被朱厚照賣了個破綻，搶空門而入，一跤掀翻，大腳再往臉上砰砰地踹。

「朱厚照，你不守江湖規矩，好不要臉……」朱宸濠的哀嚎聲中，一場轟轟烈烈的決鬥，就此結束。

生擒寧王朱宸濠，朱厚照的大名不脛而走，江湖上盡人皆知，無人不曉。而此時，他已徹底參透人生，避居於鎮江，與名臣楊一清欽酒賦詩，探討哲理。原本這是挺好的事兒，怎奈宮中不停地催他回去，只好憤懣地大步踏上北返之路，經過清江浦，一個不留神，撲通一聲跌進水裡。

左右人趕緊將他撈上來，雖然性命無虞，卻是凍得唇齒青白。

朱厚照病倒了。

儘管身體虛弱，他還是強挺著主持了祭天大典，正祭祀間，忽然眼前一黑，昏厥於地，殷紅的鮮血淌出口角。人民的好皇帝，偉大的領袖朱厚照，病逝，最後留下的遺言是：「此前種種，都是我的責任，與我身邊的人無涉。只希望我死之後，你們能夠善保其身……」

萬方有罪，罪在朕躬。朕躬有罪，無以萬方——早年虞傳天下於唐堯，說的就是這句話。由是可知，這個年輕人也和王陽明一樣，已盡得儒家思想之精要。在他的玩世不恭、遊戲人生之後，隱藏的是對世人愚鈍的無奈苦笑。

卷九 最是愚蠢大智慧

朱厚熜執政時期，
江湖上可謂風起雲湧，嚣鬧非常。
蒙古兄弟跑進來鬧事，日本人大行倭寇之亂，
朝中幾派大臣打得你死我活。
把天下弄到這份上，不容易。

第1章

資質平庸會鬧事

朱厚熜執政時期，江湖上可謂風起雲湧，囂鬧非常。蒙古兄弟跑進來鬧事，日本人大行倭寇之亂，朝中幾派大臣打得你死我活。把天下弄到這份上，不容易。

通常情形下，人們會有這樣一種認知：高高在上的大人物，必然有著智力上的優勢。敢說自己比大人物還要聰明，那就是存心找罵了——你這麼聰明，怎麼還混得這樣慘？人家比你笨，反倒高高在上，到底誰笨誰聰明？

不過，這種觀點和認知，只在競爭體制下的社會有效果。比如說，考場中的榜首、自我奮鬥成名發家者，若然少了智力上的優勢，肯定不可能於芸芸眾生中脫穎而出。

但若遭遇世襲的社會法則，這條規律就未必能夠成立。比如說，大明帝國的第十二任皇帝，世宗朱厚熜，就是一個極好的例子。

明武宗朱厚照後，將由資質平庸的朱厚熜來唱主角。情形到底是不是這麼一回事？還是先來看看他的求職簡歷：

- 姓名：朱厚熜
- 出生：一五〇七年九月十六日
- 出生地：湖北省鐘祥縣王府莊園的一株老樹下
- 生肖：兔

・血型：B型

・身高：一百六十四公分

・體重：五十二公斤

・相貌特徵：普通，經常滿臉怒容

・特長：猜疑心猶重，喜歡把話說得不明不白，難為別人

・社會關係：

父親：獻王朱祐杬

母親：蔣氏

妻子：陳氏

有兒子十人

十三歲：父親死，與母親蔣氏相依爲命。

十五歲：堂哥武宗朱厚照死，被群臣和全國人民推選爲大明帝國的第十二任皇帝。

十五歲：母親蔣氏入朝，但聞知群臣一致推選她爲皇帝的嬸子，禁止再當皇帝

媽，悲憤地拒絕前進。同年，明確地向張太后提出辭職要求，被挽留。但見張太后以王妃之禮視待蔣氏，大怒，從此兩廂結怨。

十六歲：蔣氏房居起火，大禮之爭初現端倪。第一次大婚，娶妻陳氏，當年離異。旋即再婚，娶妻張氏，七年後離異。

十七歲：發表嚴正聲明，就是要管親爹叫爹，群臣大怒。

十八歲：朝臣分裂為親爹派和非爹派兩大政治派系，其中親爹派認為皇帝的爹就是皇帝的爹，非爹派則認為皇帝的爹不是爹，最多只能算叔叔，由是兩大政治派別箭拔弩張，鬥得不可開交。最終，在朱厚熜的英明領導之下，親爹派打退了非爹派的猖狂進攻。不多久，大同兵變爆發，一小撮少壯派軍人，為了逃避戰爭，悍然殺害軍官，蹂躪百姓。

二十四歲：與張皇后離異，娶新皇后方氏。

二十七歲：大同兵變再次爆發。遼東巡撫呂經當時正在設宴，親切慰問幾名美貌的性產業工作者，遭亂兵破門而入，呂巡撫和多名性產業女工的衣服被剝光，關入籠子裡遊街。

三十四歲：權奸嚴嵩入京，出任禮部尚書。

三十八歲：正視提出離休要求，遭群臣哭天搶地否決。

四十一歲：十二女子反動集團事件爆發。是夜，朱厚熜與曹妃同榻，曹妃去洗手間的工夫，十二名宮女潛入臥室，欲勒死之，未果。事後十二人俱死，連累曹妃也被剮爲零碎。

四十六歲：名臣夏言被斬棄市，時年七十六歲。

五十歲：倭寇大掠浙閩，總督胡宗憲誘斬倭寇汪直。

五十五歲：道士藍道行進言，思斬嚴嵩。

五十六歲：斬道士藍道行。

五十七歲：貶竄嚴嵩之子嚴世藩，殺胡宗憲。

五十八歲：嚴世藩糾結不明眞相的群衆，大搞群體事件。

五十九歲：斬嚴世藩。

六十歲：卒。死因，服食丹藥過多，憋死。

不難注意到，朱厚熜執政時期，江湖上可謂風起雲湧，囂鬧非常。境外是蒙古兄弟俺答不停跑進來鬧事，沿海是中國人和日本人攪和在一起，大行倭寇之亂。朝中是幾派大臣打得你死我活，後宮則是一群女生大打出手。總之，一個人能夠把天下弄到這份上，絕對是件不容易的事情。

何以明武宗朱厚照時代，肆意遊玩胡作非爲，天下卻一片安靜，等到了朱厚熜這裡，卻搞成這麼個樣子呢？

關鍵原因，就在於後者的資材平庸。

平庸並不意味著他的智商有多麼的低，事實上，朱厚熜的智商係數，恰恰卡在一個平均線上，既不高，也不低，既不聰明，也不愚笨。這種人，如果作爲一個百姓，那能活得相當幸福，該有煩惱一個也少不了，該湊的熱鬧，也會全盤照收。然而將他放在皇帝這個職位上，免不了要處處突顯出彆扭。

感覺彆扭，自然要鬧事。這就是朱厚熜執政能力的全部總結了。

第 2 章

這個皇帝不好玩

朱厚熜忽略了天生智力不足的缺陷，卻牢牢地把握住自己的優勢——權力在我手中，天上地下，唯我獨尊。生殺予奪，無所不行，諸色人等，皆奉號令。

一個資質平庸的人，遇到一群聰明人，結果會如何？

可憐蟲會被聰明人玩死。

可若這個資質平庸的人，掌握著生殺予奪的權力？

不用說，他就是朱厚熜了。

正如已經所知道的那樣，明武宗朱厚照死後無子，於是朝中重臣開會秘密研究。研究的結果，是分頭行動。

分什麼頭呢？

第一頭，假傳武宗聖旨，誆騙統率錦衣衛的大帥仔江彬入朝，斬之。爲啥要斬？因爲他只忠於朱厚照一個人，現在朱厚照死翹翹了，沒理由相信他會向別人效忠，一刀砍了，大家都方便。

第二頭，派出一個外交使團，殺奔湖北獻王府，請小獻王朱厚熜來京赴任，出任大明帝國第十二任皇帝。這個外交使團中，有一個重要人物——張鶴齡。

張鶴齡，朱祐樘的老婆張皇后的大弟弟。這廝曾經成立大明帝國拆遷辦，拆了不知多少人家的房子，後來又糾結黑社會團夥，和當時的太皇太后周氏一家血搏，鬧得江湖沸沸揚揚，不知將多少黑道兄弟捲入熱鬧的折騰中。再後來，他被書生李夢陽暴打，當場打飛兩枚牙齒……鑲補了瓷牙之後，這廝終於再度閃亮登場。

朝中群臣，以大學士楊廷和為首，大夥心照不宣，希望能夠在將朱厚熜請來之後，好生地調教一番，調教到聽話為止，衆人也好放手大幹一場。張鶴齡也有他的小九九，同樣想調教一下朱厚熜，調教到小傢伙只聽自己的話為止。

正是這麼一番勾心鬥角，於無形中突顯出了朱厚熜的權力優勢。換句話說，張鶴齡的介入，讓朱厚熜忽略了自身天生智力不足的缺陷，卻牢牢地把握住了自己的優勢——權力在我手中，天上地下，唯我獨尊。生殺予奪，無所不行，諸色人等，皆奉號令。

我們不知道張鶴齡在途中是否和朱厚熜談過什麼，也許不需要談什麼，朱厚熜畢竟生於皇室之家，對於權力的重要性，早有相當的認識。所以，千里迢迢地來到京師，發現皇宮大門不開，旁邊另有一小門，讓他從小門鑽進去，當場就不樂意了，說：「為人進出的門，緊鎖著。為狗鑽的洞，居然敞開著。」

裡頭有一個聲音高叫：「鑽進來吧！給你當皇帝。」

「為啥皇帝要鑽狗洞呢？」

「你現在還沒登基呢，頂多能個小王爺，所以讓你走小門。」

他將腦殼一晃，「少來，老子還沒登基呢，就敢不把我放在眼裡，等我登基之後，還不盡由得你們胡來啊？少囉嗦！要不打開大門，要不……要不老子不進去了，看你們咋整！」

眼見得這傢伙不好唬弄，大臣們都覺得很無趣，「算了，算了，打開大門讓他進來得了。」

朱厚熜昂然從大門入，到了龍椅前，屁股還沒有挨上去，大臣早有建議呈遞上來。打開一看，登時眼睛就有點花，「這上面老多字，說的到底是啥意思？」

「沒啥意思。」底下人笑眯眯地道：「就是呢，你這個天子之位啊，是堂哥朱厚照留給你的，所以呢，應該管他叫爹。可是你倆輩份一樣，亂叫爹是不妥當的，眼下最完美的解決方案，就是你不用管朱厚照叫爹，但是呢，也不能再管你爹叫爹了。嗯，親爹不叫爹，那叫啥玩意兒合適呢？有了，你就管他叫叔叔吧！還有還有，你媽以後也不是你媽了，要管她叫嬸子，聽清楚了沒有？」

「聽清……清楚你娘個頭！」朱厚熜既驚且詫，火上心來。就為了當一個狗屁皇帝，連親爹都得搭進去，這叫什麼事啊！

大禮之爭，由是爆發。

朱厚熜時代的大禮之爭，徹底撕裂朝廷，將朝臣一分爲二。總的說來，分爲親爹派和非爹派兩個水火不容、界限分明的陣營。親爹派，支持皇帝管他的親爹叫爹，而非爹派，就是認爲皇帝不能管親爹叫爹。

從數量看，非爹派在朝廷中佔有著絕對的優勢，基本上人人都是非爹派，人人都認爲皇帝不應該管親爹叫親爹。可親爹派終究獲得了皇帝本人的強力支持，因此雖是朝臣中的異類，也在慢慢地成長壯大。

話又說回來了，親爹派讓皇帝管自己的親爹叫爹，聽起來沒什麼錯誤啊？相反的，非爹派的政治觀點倒是讓人極度困惑。明明是人家就是皇帝的親爹，你非不讓人家叫，道理何在？

確實，非爹派沒啥道理可言，儘管他們表面所持的理由，是維繫朱厚照的皇權法統。但不管怎麼說，不讓兒子管自己親爹叫爹，這麼個惡搞法，明顯已經違背儒家的法則與要義，純屬無理取鬧。

無奈啊！非爹派擁有的人數過於廣衆。或許因著遊戲超好玩，朝臣之中，近乎百分之百都是非爹派，擺明了就是要玩死新皇帝。

第 3 章

皇帝鬧辭職？

朱厚熜的親媽興沖沖地趕往京師，行至半路，聽到一個難以置信的消息：想進京，可以，首先必須聲明放棄自己的媽媽職位，改任朱厚熜的嬸子。

設若朱厚熜的腦殼笨一點，又或是聰明一點，事情就好辦多了。太笨的話，朝臣們的陰謀詭計自得能逞，他發現自己玩不過大家，早晚都得認命。反之，他再聰明一點也好，很容易就能把其他人說得啞口無言，以智慧贏得這場博弈的勝利。

要命的是，他的智商，偏生低不成，高不就。低又沒有低到認命的程度，高又沒有高到能夠戰勝別人的程度，正卡在一個不上不下的節骨眼上，這可眞眞難辦嘍！

於是衝突開始。

先是，朱厚熜的親媽正興沖沖地趕往京師，準備過過老太后的癮。行至半路，聽到一個難以置信的消息：眞想進京，可以，首先必須聲明放棄自己的媽媽職位，改任朱厚熜的嬸子。

聽到這消息，這女人的火氣騰一下就上來了。古往今來的皇帝多了去了，哪個當兒子的上了位，不是先把老媽捧到香案上供著？怎麼輪到自己家，規矩就變了樣？變規矩也得有個說法啊！沒有，豈不是明擺著欺負人？

老太太生氣了，拒絕進京，把難題留給兒子——你看著辦！

朱厚熜太清楚不過了，明確表態不認娘親，那麼他這個皇帝，今天就算是當到頭了。老百姓聽說這事，還不得戳爛他的脊樑骨？哦，就為了當皇上，連親媽都不要了。更糟糕的是，以後他將休想再在群臣面前抬起頭來。他們贏了這一場，鐵定要痛打落水狗，天知道下一步會是何等可怕的陷阱？

萬般無奈之下，他只得去找張太后——欺負了朱祐樘一輩子的張皇后，大明拆遷辦主任張鶴齡的姐姐。

張老太太這裡，也是五味陳雜，說不出的酸楚。

她一輩子就生了倆兒子，老大朱厚照當了皇帝，老二不滿三歲就死了。怎奈那個缺大德的朱厚照，一輩子瘋玩，到死也未能生出半個孩子來，最終導致皇脈斷絕，只能從別人家裡挑一個來湊數。

可想而知，張老太太心裡是完全支持朝臣，認爲朱厚熜的親媽不能算是媽，自己才是。降住朱厚熜，晚年就有靠了。發現了嗎？她正是非爹派的眞正幕後指使人，他們都是奉了她的指令行事。

現在朱厚熜來了，進門就說：「張嬸，跟妳說個事，我準備回湖北老家去了。以後宮裡的事兒，張嬸妳多擔待著點兒。」

張老太太聽得直眨巴眼睛，「啥意思？你是皇帝，應該坐在龍椅上，回湖北老家去幹啥？」

「我向董事會提請辭職了。不辭不行啊！你們不讓我認我親媽，那我以後還怎麼混？」

辭職？她先是喜形於色，隨後又發起愁來。娘的！你說辭職就辭職啊？現在天底下人都知道你當了皇帝，忽然說辭職，再去逮個人來嗎？這工夫裡，如果有人趁機鬧起來，可怎麼辦？

「不行！你的辭呈，董事會不會接受的，再好好考慮考慮。」

朱厚熜的態度也很堅決，「沒啥可考慮的，要不接受我的辭職，要不讓我媽進京，你們掂量著辦。」

第 4 章

當後宮也淪為戰場

朱厚熜下令將所有參加非法集會的官員都逮捕，挑出一百八十人拖到朝堂上，剝了褲子打屁股，一邊打還一邊問：「你管你親爹叫啥？叫叔叔還是爹？」

眼見得朱厚熜鐵了心，朝臣莫可奈何，只好後退一步，暫時允許他管自己的親媽叫媽。連續贏得幾場勝利，朱厚熜對這夥人，心裡就有數了。

他們明擺著是在欺負他老實，欺負他腦殼笨。此後，每每對上那種要拿他當傻瓜耍弄的詭詐眼神，心裡就是一陣說不出來的憤怒，打從心底痛恨別人把他的智商看得太低。

但這事也真奇怪了，越是為此憤怒，身旁人就越是堅定地認為他的智商不高，越要拿他當傻子唬弄。

這種唬弄，到了他登基的第三年，終於趨於白熱化，雙方徹底撕破臉皮。朱厚熜一定要讓這些人知道，自己不傻！大臣們則不惜大搞非法集會，強勢逼宮，一定要讓皇帝承認自己的智商超低。

爭執的爆發，起因於朱厚熜正式下達詔書，要追封自己的死爹為死皇上。朝臣修撰楊慎聞訊大呼：「兄弟們，大明朝養士一百五十年，所為何來？不就是為了不讓皇帝管親爹叫爹？如今，皇上他公然挑戰普世價值觀，認爹作父，是可忍，孰不可忍？仗義死節，正在今日。兄弟們，我們寧可全部死光光，也不能由任皇帝在認爹作父的錯誤路線上越走越遠！」

一呼百應，群臣囂囂，三百名朝官於左順門舉行遊行集會，並跪伏於地，以此示威。

朱厚熜氣得牙根癢癢，「丟你老母！三年前老子怕了你們，由任你們欺負凌辱。可今日不同了，老子已經掌握錦衣衛這柄殺人利器，還會再害怕不成？」

錦衣衛出動，將非法集會的頭目統統抓起來。

頭目們被捉走，其餘朝官怒氣沖沖，重力撞擊宮門，擺出造反的架勢。朱厚熜這時顯示出過人的淡定，下令將所有參加非法集會的官員都逮捕。接著挑出一百八十人拖到朝堂上，剝了褲子打屁股，一邊打還一邊問：「你管你親爹叫啥？叫叔叔還是叫爹？」

當中有十七名人無法回答問題，當場被活活打死。其餘三百名大臣，統統流放。

有了錦衣衛，國家已經不再需要大臣。連親爹都搞不清楚該怎麼個稱呼法的糊塗臣，有沒有也就是那麼一回事。

大禮之爭——最正確叫法應該是親爹之爭，眼看著愈演愈烈，如一團熊熊的烈火，迅速從朝廷蔓延進入後宮。

第一個犧牲品，乃皇后陳氏。

陳氏是朝臣陳萬年的女兒，由張太后做主，晉級成爲皇后。史書上通常認爲，她應該屬於張太后與朝臣的陣營，非爹派的。這理由純粹瞎掰，陳氏對於親爹或非爹能有什麼感覺？女人畢竟不是政治動物。糟糕的是，她來自於非爹派政治陣營，長久以來受到家人、張太后及朝臣的影響，耳濡目染，免不了要對丈夫的智商表示出最大程度的鄙視。

身爲皇后，如何鄙視皇帝老公的智商？

話說自打升任皇后以來，她發現後宮裡黑壓壓、密麻麻，各種牌號的美少女擠得紋絲不透、水洩不通，當下就生出強烈的危機意識——不好，這麼多的美少女，老公面臨的誘惑太大了。我得想個法子，收住他的心。

怎麼個收法？

好辦，陳氏悄悄派人把一個老道叫進來，吩咐道：「喂！老頭，幫個忙。以後再見到我老公，你就對他說，說我這個皇后有旺夫相，能夠讓他升官發財……不是，能夠給他生一大堆大胖小子，讓他世世代代，永享仙福。」

拿人家的錢，就要替人家辦事。老道日後見到朱厚熜，果然忽悠道：「貧道掐指一算，不得了了！皇上啊，你得馬上跟皇后上床，上了床，你的運氣會大大的好。」

朱厚熜立馬飛奔回宮，關上門窗，把陳皇后放倒……唉！這廝的智商是真的不太高，連這種話也信。

沒有多久，陳皇后懷上身孕。但是，我們有充足的證據表明，早有人暗中發現了老道的瞎忽悠，爲了爭寵，偷偷把事情告訴了朱厚熜。

可想而知，得知這個消息，他心裡是何等的悲憤。

好個破女人，竟敢玩老子！明明知道我的智商不高……哼！我智商不高就該著讓妳玩啊？怨念一起，陳皇后的一生，就算徹底完蛋。朱厚熜已然打定主意，要找個機會報復她的玩弄。

第 5 章

看我玩死妳！

又一度，朱厚熜開始修理枕邊人。他用的辦法極盡缺德，聲稱尊從古制，要求張皇后每天早早起床，只穿輕羅小衣，赴北郊種桑採蠶。

且說有一天，朱厚熜故意在後宮與懷有身孕的陳氏並排而坐，宣召兩名美貌妃子張氏和方氏進來。

兩人到場後，他故意拉住張氏的手，露出一臉饞樣，「哇！瞧瞧這雙小手，皮膚眞細膩，滑膩如脂，眞讓人恨不能咬一口……」

這般豬哥模樣，放在現在的文明社會，那是極端的不妥當。可放在封建時代的後宮中，卻是屬於他的權力，合法、合理、合情，並且符合全國人民的意願。

倘若陳皇后不是在心裡鄙視老公的低智商，接下來的事應該不會發生。無奈她實在是太瞧不起他，而且不相信他眞能把自己怎麼樣，盛怒之下，居然一掌將張妃推開，動作間弄得茶盞翻倒，茶水濺了他一身。

如此還不夠，陳皇后接著將眼睛一瞪，吼道：「注意你的身分，你可是皇上，要自重，別太丟人！」

朱厚熜正等著她發威呢，抓著這個茬口，不由分衝上去，揪住了就是砰砰砰一頓狂踹，當場將她打得硬生生流了產。

臥病床榻，陳皇后滿心悲憤。想不通啊！老公笨到這種程度，竟然還敢打自己。難道笨男人也有打老婆的權利？

她不知道，這世上，唯有笨男人和蠢男人會動手打老婆。眞正聰明的男人，從來不需要這樣做。

想不明白這個簡單道理，陳皇后活活被氣死。朱厚熜長鬆一口氣，「好！讓妳以後再玩我，再玩我，我就玩死妳！」

隨即欽點最美貌的張妃爲皇后。這個舉措，旨在向張太后集團表明最明確的敵對立場，畢竟錦衣衛在老子手裡，誰怕誰？

張太后果然無計可施，只能眼睜睜看著早先安排在皇帝身邊的眼線陳皇后活活被氣死。不想沒過多久，蠢皇帝又不高興了，他感覺到……新皇后也不對頭！

或許是張皇后眞的跟其他人一樣，對朱厚熜的智商持居高臨下的俯瞰態勢，又或者一切純粹是這廝自己的想像。而最大的可能，應該他太笨，腦子不夠用，從而導致了某種程度的被害妄想症。一旦知道皇后有對他隱瞞的事，馬上要生出各種各樣的疑心。

又一度，他開始修理枕邊人。

他用的辦法極盡缺德，聲稱尊從古制——這藉口應該是從朝中非爹派處得來的靈感，要求張皇后每天早早起床，只穿輕羅小衣，赴北郊種桑採蠶。如此搞法，等同於建立起「宮中五七幹校」，希望通過高強度的體力勞動，讓他討厭的人知道點好歹。

想來宮中那些女子，多是弱不禁風者，又纏了小腳，走都走不動，偏偏被下放到五七幹校，苦不堪言。再加上氣候變幻無常，張皇后終於在一場突如其來的暴風雨中，被淋得生了病。

聞知她生病，朱厚熜大喜，緊接著又說：「廣闊天地，大有作爲，宮女們要到農村去，接受貧下中農再教育。」故意讓她頭戴一頂超沉重的垂雲冠，參加一場時間超長的祭祀儀式。

張皇后實在是疲憊過度，忍不住嘟囔了一句什麼。太好了！他於是正式宣佈：「張皇后骨子裡的資產階級享樂思想太嚴重，抗拒勞動改造，攻擊大好形式，對新生政權充滿了刻骨仇恨。從今日起，解除其皇后職務，打發到冷宮去認眞反省。」

張皇后悽涼地在反省中死去。

走了一個又一個，終於輪到美女方氏出任大明帝國的新皇后。不想她出場沒多久，就遭逢到史上最有名的十二女子陰謀集團大案。

十二女子反動集團，實際上有十六個人，由宮婢楊金英為首，成員清一色勞動婦女。她們實在忍受不了種桑養蠶的重體力勞動，就密謀說：「皇上這個變態狂，一門心思琢磨著折磨別人，莫不如我們等到晚上，把他勒死。他一死，五七幹校就該解散了。」

是夜，朱厚熜前往幸御最美貌的曹妃。一番戚哩嚓嚓後，曹妃起身去洗手間，十幾名女子趁機溜進來，拿出一條索子，猛力勒住他的脖子，分兩頭拉住繩索，「嘿呀呀……呀嘿呀嘿呀嘿……」

卻是作怪，朱厚熜只管手腳亂動，硬是不死。

怎麼回事？

原來啊，殺人也是門技術活，十六名女子不熟悉業務，勒在朱厚熜脖子上的繩索給打成了死結，人當然越勒越是不死。可想喘口氣，也是千難萬難，只有拚命地撲騰手腳，表示最強烈的抗議。

勒不死其實也沒得關係，此時只要順手抄起尿壺或腳凳，照腦殼上哐噹的一聲，不信他還有本事再折騰。

但要生出這種想法，需要的是極度的淡定與冷靜，非業務嫻熟的殺手做不到。湊在這裡的女子，多是跟著來起鬨的，說穿了根本不曉得自己在做些什麼，只是習慣於哪人多就往哪兒跑，如今見朱厚熜遲遲不死，自然要感到害怕，自亂陣腳。當中，一名叫張金蓮的女子腦子最先灌水，「不得了了，皇帝撲騰個沒完……讓皇后來看看是怎麼一回事吧！」話沒說完，已經飛跑著報告去了。

方皇后聞報急忙趕來，叱退眾宮女，替朱厚熜解開繩索，總算救下他的一條老命。

人的性格決定了命運——這句話的意思是說，一個人會遇到什麼事，與性格有關。朱厚熜，是歷史上極度罕見的，差一點被一群宮女活活弄死的皇帝。這表明了他的個性與眾不同，極度令人厭惡，讓人鄙視。

正是因為厭惡他，地位低下的宮女才會起殺心。正是因為鄙視他，她們才不把他的帝王之尊放在眼裡，甚至化殺心作實際行動。古往今來帝王多不勝數，被宮女下手謀殺的，朱厚熜他老兄絕對是前無古人，後無來者，僅此一位，別無分號。

人對於人的欽服，多半與智力相關。朱厚熜望之不似人君，惹得人人都要給他一刀，說到底，還是智商與職位嚴重不符害的。

在他面前，似乎沒有人能夠抑制住戲弄的不臣之心。宮外是大臣們在鬧鬧，而在後宮裡，瞧！方皇后也開始玩弄他了。

審訊十二宮女謀殺朱厚熜一案，由方皇后擔任法官。雖是皇后，但最近老公只睡最美貌的曹妃，而且出事的夜裡，她理應睡在朱厚熜身邊，偏偏不在。於是方皇后趁機公報私仇，不由分說，命人先將她活剮了。

可憐的曹妃，明明裡邊沒她的事兒，卻被拖了出去，剝光衣衫，用小刀一片片地將身上的肉割下來。那淒慘的場景，讓方皇后說不出的解氣，「活該！讓妳這騷狐狸再跟老娘搶男人！」

方皇后說到底也是不夠聰明，只知道老公智商不高，比較好唬弄，卻忘記了他手握生死大權，數不清的人都想湊近過來打小報告。沒過多久，公報私仇的事情，就傳進了他的耳朵裡。

發現方皇后居然也來玩弄自己，朱厚熜的心，說不盡的痛楚。他被太多太多的人玩過了，真的忍受不了了。現在，務必要用最殘酷的方法，告訴這個敢於蔑視他的低智商的女人——不要傷害智商太低的人！智商越低，心裡的怨毒之火就越盛，傷害別人的手段，自然越是惡毒。

首先，朱厚熜和方皇后分居，搬出乾清宮，讓她獨守空房。感覺到她已經嘗夠寂寞的滋味之後，更殘酷的事情發生了。

一夜，乾清宮突然燃起大火，方皇后被困於火中，大聲呼救。火場外邊，朱厚熜露出滿足的微笑，禁止任何人營救。這樣很好，他要親眼看著，看著曾經欺騙自己的女人被烈火一點一點地吞噬。

他的心裡，只記得方皇后的欺騙，偏偏忘記了，命懸一線的時候，正是這個女人趕過來，親手解救了他。

刻薄、寡恩，這就是朱厚熜的性格寫照。

第 6 章

堅持偽科學路線

朱厚熜大搞煉丹，一方面希望得到突破，以便讓天下人看看，我真的不笨，另一方面，可以打造翩然欲仙的唯美面貌，將大眾注意力轉移到他的藝術形象上。

看到這裡，我們必須有一個正確觀念：朱厚熜的智商，並沒有低落到令人無法容忍的程度。

眞要落到這個程度，他九成九會成爲殺戮無算的邪惡暴君。可以說，他與暴君的距離的確非常非常近，但是，要想成爲標準的暴君，智力必須遠遠低於平均水平。唯有如此，才會對各種形而上的理論徹底沒有興趣。

朱厚熜的智商，用來當個好皇帝遠遠不足。但相較於天下人，其實也不能說低，恰好居於人類平均智商的基線上。

智商高於平均者，多會專注於思想理論的建設，提出一堆莫名其妙的怪異名堂。如西方有過許多聰明的皇帝，有的寫書，有的搞科研。把視線拉回到中國來，最鮮明的例子：大明帝國的開國皇帝朱元璋，努力搞出包括《臣誡錄》在內的許多語錄體，處心積慮地想把人民群衆讀到傻。總而言之，智商稍高一點的皇帝，都要搞一套思想理論出來，這叫規律。

智商在公衆平均基線以上的皇帝，會寫書，教導廣大人民群衆聽話。智商在公衆平均基線以下的皇帝，愛殺人，因爲他無法承受大家拿他當傻瓜唬弄的殘酷現實。那麼，智商不上不下，恰好卡在公衆平均基線的皇帝，要搞什麼名堂？

處在這個階層的皇帝，智商比暴君略高，自視甚高，不願意讓別人視自己爲沒文化的屠夫。偏偏能力的確不足，擺弄不了思想體系這一類怪東西，所以無一例外的，要投奔僞科學的溫暖懷抱。

現在的僞科學體系相當豐富，但在大明帝國時代，其中的代表，大概就是長生不老煉丹術了。

說回來朱厚熜，他老兄以服食鉛汞毒藥而名傳天下。

需要強調的是，僞科學和科學的本質完全不同。

科學這東西起點簡單，不過是一個基本原理。但構建於基礎原理之上的，全爲實打實的邏輯體系，絕非一般腦殼能夠擺弄得了。

僞科學則不同，它是反邏輯的，這意味著進入門檻特別的低，哪怕一個不識字的人，都能夠閉著眼睛建立起一套僞科學體系。橫豎這東西不需要邏輯，想怎麼說就怎麼說，所以比之於科學，更受廣大人民群衆的熱愛。

朱厚熜的腦殼擺弄不了邏輯，自然一頭栽進不需邏輯的僞科學泥坑之中，於宮中大搞煉丹生產。一方面希望能夠在僞科學上得到突破，以便讓天下人看看，我眞的不笨，你看，能把仙丹煉出來，服不服？另一方面，可以打造翩然欲仙的唯美面貌，將大衆的注意力，從他的智商轉移到他的藝術形象上來。

沒辦法，裝吧！誰讓自己笨來著？

且說朱厚熜裝成天外飛仙的模樣，天天蹲在後院子裡煉製丹藥。但是，大臣們還少不了要爲國家大事來唬弄他，都知道他智商不高，所以上奏的時候，早就把所有可能的反應考慮到了，不管他怎麼翻花樣，都翻不出個名堂來。

又被看扁了，怎麼辦？

好辦！朱厚熜乾脆弄出個內閣。所謂內閣，就是一群你死我活水火不容恨不能你吃了我我啃了你的這麼一幫子寃家對頭紮堆的小型社團。而這一招，在管理學上還眞有個名堂，叫制衡。

制衡，最白話的解釋如下：大家都紮在一個槽子裡吃食，我吃不到，你也甭想吃到。你想達到什麼目的，我是不會答應的，當然，你也不會允許我達到任何目的。不要緊，咱們啥也別幹，就耗在這裡得了！

這就對上了路子。正如老子所說，治大國如烹小鮮。治理國家，就像在鍋子裡烹煮小魚，千萬千萬不能瞎折騰，不能今天一個最高指示，明天一個英明領導——

舉凡攤上個英明領袖的國家，國民鐵定沒得飯吃。

百姓生存本來就唯艱唯難，再有哪個英明領導往家裡湊，你還得堅決擁護，凡事圍著他轉，哪還有時間忙活自己的活路？

內閣制度一出，大明帝國的死症總是找到了藥方。

這個藥方，智商太低的人是找不到的，而智商高的人，單以他的能力就夠了，不屑於打造平庸政治的平台。非得碰上朱厚熜這類說蠢也不是眞的蠢到不行，說精明又完全跟精明搭不上邊的人，才能湊巧把事辦成。

有了內閣，大臣們掐鬥得不可開交，朱厚熜總算是省心了。

就這樣，呆腦殼皇帝將天下治理成了一種超乎想像的混亂狀態，從後宮的美女到內閣的官員，從北部的兵亂到沿海的倭寇，帝國中的所有不穩定因素，全都因應著他的蠢笨而適時爆發。其中，勾心鬥角程度最高，最能體現出人性與心智詭詐的主戰場，仍然是在內閣中。

勾心鬥角的主戰場在內閣，但結出來的豐碩果實，卻在戰場之上。

一代名將戚繼光，即將登場！

第 7 章

戚繼光的奇門兵刃

戚繼光的鴛鴦陣，不過是個儀仗隊。放到廣場上走走正步，讓各級領導體驗一下愚弄民眾的樂趣，可以應付過去。但拿到戰場上，難逃倭寇的橫切豎砍。

戚繼光，著名的抗倭軍事將領，每個中國人都知道他——除了軍事專家。

什麼叫「除了軍事專家」？為什麼要把軍事專家排除在外？

這個問題，不妨從這廝手上的奇門兵刃說起。

戚繼光曾經給皇帝寫過一封信，詳細介紹了「狼筅」這種武器的使用要領及法則。狼筅，是你聞所未聞、見所未見的一種奇門兵器，甚至未能出現在現代武俠小說中。這種武器，已經超出了——突破了人類的想像極限，哪怕蹲在小屋子裡瞎琢磨的武俠小說作家，也都無法想像。

如果一定要打個比方，狼筅更類似於清潔工人手中的掃帚。此物乃生鐵鑄成，巨大且沉重，有一根巨長的手柄，另一端是個生銹的鐵疙瘩，上頭還鑄著倒刺和鐵刃。若非拔山舉鼎之力，等閒人物肯定舉不動。

就算費盡吃奶的力氣舉了起來，也只能是咬牙平端著，閉著眼睛往前走。前面的倭寇殺來，你豁出老命不要，把狼筅用力搗去，倭寇趕緊向旁邊一閃，就聽轟的一聲，地殼被搗出一個大洞，果然威力驚人！塵土飛揚中，還想再把狼筅舉起來，繼續搏鬥，無奈雙臂早已酸軟如麵條，不休息兩個時辰，按摩個把鐘頭，根本恢復不過來。可是倭寇他缺德啊，不但不讓你恢復體力，還要趁機撲到你面前，掄起大片刀，嘁哩喀嚓……恭喜！你爲國捐軀了。

明擺著，狼筅這種武器，攻擊力爲零，防禦值也是零。

沒有它，還有可能從倭寇手中逃得性命，有了它，還沒交火就已經把你累慘了，到了戰場上，連逃命的力氣都沒得有。

不好玩！這怪兵刃究竟是誰發明的？

此乃大明工部科研人員經過長期研究，隆重推出的高科技產品。倘若你不幸胸懷壯志，一門心思琢磨著報效國家，很好，進了部隊，長官就給你這麼個玩意兒舉著。眞上了戰場，見到倭寇，你早已累得兩腿綿軟手抽筋，眼看他們手舉雪亮的大片刀衝過來，爲國捐軀，自是必然。

所以戚繼光給皇帝寫信，說：首先，感謝工部的科研人員勤奮兢業，研製出如此先進的武器，塡補了全世界最缺心眼研究成果的空白，讓敵人聞風喪膽，落荒而逃。大長了我軍的志氣，大滅了對手的威風。相信最後的勝利，鐵定要屬於咱們。既然如此，臣以爲，就不要每個士兵人手一柄狼筅了，總不能讓大家都活活累死吧？他們只是一時缺心眼，想到去邊關立功，報效國家，就因爲這個，把人全給累慘，然後再讓倭寇橫切豎砍，如此待遇，未免太優厚了些。臣以爲，咱們還是挑那些胳膊粗力氣大的士兵，讓他們舉著狼筅去迎戰就好——沒辦法，完全不舉這鐵疙瘩也不行，不舉的話，兵部的科研人員會發飆的，還要導致巨額的科研經費無法報帳。再進一步看，考量到士兵舉了這鐵疙瘩上戰場，肯定是有去無回，有死無生，臣想說，就給每個舉狼筅的士兵派兩個保鏢吧。倆保鏢一人一根長矛，倭寇膽敢來砍舉狼筅的戰士，兩根長矛一起上，戳不死才怪……對了！敵人很壞很壞的，有時候不是衝上來拿大片刀砍，而是衝咱們射箭，那怎麼辦呢……有辦法了，再給倆持矛戰士也各配一個保鏢，人手一面盾牌。上了戰場，中間一個舉狼筅的戰士，身邊站著四個保鏢，兩柄長矛、兩柄盾牌，陛下以為如何？

看到這裡，軍事史研究專家必定要拍案而起，曰：「妙哉！此乃戚繼光創造的鴛鴦陣是也。他正是靠了這神妙的陣法，從沿海一直殺到北疆，直殺得倭寇人頭滾滾，直殺得奴猷落荒而逃！」

但只要一個人腦子進的水還不算太多，肯定能一眼瞅出陣法的蹊蹺。

請注意！鴛鴦陣的正中，由一名攻擊力和防禦力皆為零的狼筅戰士佔據。兩邊各一長矛戰士，近程攻擊力較高，遠程攻擊力為零，防禦力也為零。再配兩個盾牌戰士，防禦力有所上升，可遠程攻擊力仍然是零。

也就是說，戚繼光的鴛鴦陣，看著蠻來情緒，實際上只是唬弄外行，在戰場上壓根沒辦法運用。

明擺著，所謂鴛鴦陣，不過是個儀仗隊，徒具其表而無絲毫戰鬥能力。這樣的花架子，放到廣場上走走正步，讓各級領導體驗一下愚弄民衆的樂趣，可以應付過去。但拿到戰場上，難逃倭寇的橫切豎砍。

歷史的眞相告訴我們，戚繼光的鴛鴦陣，不過是這位軍事將領與工部科學家、兵部戰略家相互妥協的方案。工部，相當於現在的工程建設部，同時負責軍事專案的研究與開發。兵部，相當於現在的國防部，主要負責制定詳細的對敵戰術策略。

工部的科研人員除了研製狼筅這種奇門兵刃，還曾經搞出一種特大號的盾牌，超級堅固，任憑什麼樣的強弓硬弩，都甭想透射而入。千好萬好，就只有一個微小的不足：士兵們一旦套進裡頭，立馬啪唧一聲趴在地上，說什麼也爬不起來——盾牌太沉重了，人穿上去後，一步都動不了。

工部有如此多的高精尖端發明創造，兵部也不甘落後，隆重推出了「以馬爲本」的戰爭理念，徹底把邊防搞殘。

什麼叫「以馬爲本」的戰爭理念？

簡單說，就是兵部正式發文，命令各級指戰員愛護國家財產，用自己的鮮血和生命，保護國家的戰馬。

兵部要求，軍隊中的戰馬，平時騎一騎是允許的，但在戰時，絕對不准任何人騎馬作戰。倘若敵人殺來，邊關將士們首先要做的事情，是將戰馬保護在中間，而後高舉沉重的狼筅，光著腳板，向敵陣衝……

可想而知，沿海的倭寇，或者北部邊疆的少數民族戰士，都是騎著快馬、掄著大刀呼嘯而來。面對一群高舉無絲毫攻擊力的狼筅，只能徒步迎戰的明軍。這場仗，不用打也知道結果。

當然也有不聽話的士兵，領導讓他用鮮血和生命保護國家的戰馬，他偏要騎著馬迎戰敵人。對這種人，該當如何處理？

就一個字，殺！絕對不客氣。

很明顯，在兵部的正確領導與工部的高科技武器支援下，大明的士兵，命中注定要倒楣。替他們想一想吧！好端端的戰場上，面對著敵人的鐵騎，這邊竟然不讓騎馬，甚至連正兒八經的武器都不能用，非要舉著沉重的鐵疙瘩，把自己累到半死，這樣的對戰，能有絲毫懸念嗎？

難怪沿海會有倭寇，難怪北疆少數民族兄弟也跑來鬧軋猛。人生於世，你能找到比大明帝國更缺心眼的對手不？碰到如此對手，再不好好鬧騰一番，你對不對得起自己？

細看大明歷史，多的是離奇的戰事，甚至有過十幾名倭寇斬關入城，再破城而出，城中數萬守軍束手無策的記錄。

沒錯，倭寇只有十幾個人，明軍有數萬之衆。可是按照戰術規定，你這數萬人想去打那幾個倭寇，首先要舉起特大特沉重的狼筅，還不能騎馬，只能靠了兩隻腳板去追趕。追不上算你運氣，最多不過是累個半死。萬一追上，人家縱馬殺將過來，你一則累得半死，二則連馬都沒得騎，贏的可能，基本不存在。

狀況很糟糕，但是，還不夠糟。

眞正要命的是，大明軍事體制明確廢止了遠程兵器的使用。

再回過頭來看戚繼光的鴛鴦陣，發現了嗎？陣中有持矛的，有操盾的，還有純屬多餘的扛狼筅的，唯獨沒有操弓之士。爲什麼不將弩弓手設置其中？作爲自幼長於軍中，深諳戰爭規律的軍事行家，他不可能不知道，在當時的戰場上，強弓硬弩能起到決定性作用。把話說明白點，真把鴛鴦陣拿到戰場上去，對手只需要出動幾個弓手，箭射鴛鴦，不用多大力氣就能將陣勢徹底擊碎。

不設弓手，不能證明戚繼光缺少軍事思想，證明的是他有著過人的政治頭腦。替大明天子想一想吧！高坐龍椅，方圓千里之內禁絕鐵器，這才好不容易獲得了稍微的安全感。假使有誰扛著一堆強弓硬弩跑過來，讓他頂著隨時隨地都可能嗖的一聲一枝翎箭射來的威脅，他老兄心裡要怎麼想？

抄家滅門，那還嫌太溫柔了。

你覺得大明時代的軍事體制古怪，這卻是一支政治正確的部隊。政治上要正確，首先就不能夠沾手遠端兵器，另外，不可以有絲毫的戰鬥力——戰鬥力越強大，射逞越遠，對皇帝的人身安全威脅就越是嚴重。

戚繼光的歷史任務，在於幫助大明軍隊完成政治與軍事的統一，全面降低戰鬥素質，提高政治化程度。完成這個任務，就可以留芳千古。萬一沒弄明白，史書上就要再多一個奸佞之臣。

明白了嗎？戚繼光，與其說是軍事家，莫如說是政治家。

第 8 章

請叫我大政治家

上書，不能說上級領導的決策不對。你一個小小的下級軍官，敢說上級領導不對，嫌命長了是不是？可也不能說領導正確，正確還不快點去執行？

說起戚繼光，軍事學專家都搞不大懂他，只有政治家能夠理解——軍事學專家永遠也搞不明白，你打仗就打仗，搞儀仗隊花架子有什麼用？更別說翻開古來戰史，說到戰場勝負，「弓馬嫻熟」這個技術標準，必不可少。

迴避了實際戰爭的態勢，縱情謳歌兵部及工部的偉大成就，他的目的只有一個：妥協。妥協是政治家玩的花活，政治本身就意味著妥協，軍事走的則是極端路子，講究你死我活，不死不休。

對照歷史，政治是軍事的極端態勢，反之亦然。軍事家要死趴在自己的極端位置不挪窩，誓與敵人血戰到底，政治家則以此爲籌碼，強迫對手讓步。如果政治失敗，就把軍事端上來死磕，等到打得兩敗俱傷、玉石俱焚的時候，政治家再出來收拾殘局。總之，軍事乃大殺器，倘若這方面的實力不足，政治家饒是有天大的本事，也沒咒可念。

戚繼光的主要歷史任務，是通過軍事上的優勢，把對手打得淚流滿面，然後朝中再派出高官，對著倭寇喝斥一番，令其交出戰犯，交給人民審判，如此就算齊活了。可眼下的局勢實在不妙，若然要和敵人對打，必須遵守工部和兵部的嚴格要求，高高地舉著一只大鐵疙瘩，光著兩隻腳板，向敵人的鐵騎前進、前進、再前進，用自己的血肉讓倭寇剁個痛快。

戚大人眞的不缺心眼，他一看這情形，噢！人家縱馬弓刀，凌厲無匹地殺來了，你這可好，不讓我們騎馬，不讓我們用弓箭，還要高舉鐵疙瘩，仗怎麼打？

還有更糟糕的，倭寇個個吃得腦滿腸肥，身體精壯，而明軍這邊，所有邊關士卒的餉銀都被上頭剋扣了。戚繼光手下的士兵們，已有好幾個月沒領到半毛錢了，全靠大夥八仙過海，自謀生路。有的改行當了小偷，有的兼職做了乞丐，滿大街端著要飯的破碗衝老百姓磕頭，「大媽大嬸可憐可憐我吧，我也就是一時缺了點心眼，放著安生的日子不過，非要爲國效力，投筆從戎，誰料到朝廷這邊工資一拖欠就是幾年……大媽大嬸行行好，給點吃的吧……」

朝廷果斷地切斷了明軍的糧草與餉銀，讓這支曾爲朱元璋征討天下的百戰之軍，徹底淪爲了乞兒和小偷。戚繼光的光榮使命，就是帶著一群餓到快要發瘋的乞兒上戰場。

撇開坊間的種種美學藝術論不談，單只是實事求是地談及戰爭，能對戰局起決定性作用的因素，有以下三個：

第一：餉銀和糧草。

第二：餉銀和糧草。

第三：餉銀和糧草。

一支軍隊要想打勝仗，餓著肚子是絕對不可能的。

再說到整體戰局的配合，大抵需要三支到五支隊伍的合作：一支以絕對優勢去欺負數量少、兵員不足的敵人，另兩支一做佯攻，另一支牽扯對手的後援，使他們無法會合，形成局部戰場上的優勢。

想像一支半年沒有吃過飯，餓著肚子，舉著沉重狼筅，光著腳板的部隊，讓他們在指定時間抵達指定地點——自古皇帝不差餓兵，人家肯定不會幹。再說了，敵人機動性超強，這邊兵部卻禁止戰士騎馬。但凡交火，百分之一百萬的，士兵聽說倭寇來了，端著要飯碗掉頭就走。飯都不給吃，你憑什麼要求乞丐浴血沙場？

戚繼光想打贏他的戰爭，必須解決三個問題：吃飯、騎馬、張弓。完成三大任務，明軍才能由丐幫轉型回戰鬥軍團。

然而，正如我們知道的那樣，這三個要求，全都犯下了嚴重的政治錯誤。政治上不正確，仗打贏也沒用。所以他又琢磨了：咋整呢？仗不打是個輸，打也是個輸。要怎麼樣，才能夠避免輸到家的慘局？

要不，乾脆上書吧！

上書，不能說上級領導的決策不對。你一個小小的下級軍官，敢說上級領導不對，嫌命長了是不是？可也不能說正確，正確還不快點去執行？要你這些當兵的，就是執行任務用的。當然，你在執行的過程中會死掉，死得不能再死，可這跟上級有什麼關係？領導照舊英明神武。

上書，要縱情謳歌各級領導的英明決策，還要不執行領導的決定，想達到這個目的，需要無比靈敏的政治頭腦。戚繼光必須讓自己從一名軍事家，完完全全地進階到政治家的行列中。

政治家戚繼光的歷史使命，就是在充分肯定朝廷不發士兵餉銀，不許戰士騎馬，不許戰士用弓箭，強行讓士兵高舉狼筅等一系列政策的前提之下，想辦法忽悠上頭發點餉銀，允許臨戰時騎馬操弓，扔掉缺心眼的狼筅。只要完成這樁歷史任務，明軍到了戰場上，沒有輸的道理。

要曉得，大明時代，明軍與倭寇的戰鬥兵員相比，是數萬甚至數十萬比一的比例。實際上，壓根沒有任何鬧倭寇的理由，面對數以百萬之計的軍隊，誰活膩歪了過來鬧？偏偏大明王朝出於穩固江山的考慮，有意廢除了己方軍隊的戰鬥力，任憑明軍淪爲乞丐，沒得吃也沒得穿，平時不許操弓，戰時不許騎馬，更別說還有那要命的笨重狼筅！明擺著是朝廷想借助倭寇的力量，翦除自身的軍事武裝嘛！

幸好此時來了個戚繼光，由於他不斷地縱情謳歌各級領導，歌頌豐功偉績，讓他們一犯迷糊，居然眞跟他「妥協」了。

妥協的結果，是戚家軍的兵餉照常發放，士兵們不用端著討飯碗四處要飯，只管吃飽了飯去操場上演練。而且平時可以操弓，臨上了戰場還可以騎馬，更重要的是戰士不用高舉狼筅。

當然啦，都不舉也不行，領導不傻，看你戚家軍一根狼筅也不舉，肯定要發火的。爲此，鴛鴦陣應時誕生，硬生生騙過各級領導，把狼筅的數量砍掉五分之四。沒錯，這個陣是專門用來唬弄上司的，眞正目的在減少軍隊中的狼筅數量，增加長矛和盾牌的數量。

戚繼光很成功，活該倭寇倒楣嘍！

第 9 章

怕老婆者，真英雄

女人都是天生的政治家，卻始終無法理解男人的政治藝術。戚繼光的妻子覺得，老公在政治的妥協中，表現出來的屈辱與忍耐，太娘泡了！

對於戰爭，民間有句眞理性認知：殺敵一萬，自損八千。

意思是說，戰場上一旦發生對砍，雙方的兵員損耗基本是等同的，想砍掉對方一個兵員，自己這邊肯定也要搭進去一條人命。哪怕是數萬人打人家一個，只要對方情急拚命，你照樣得申報烈士名額。

這種戰爭態勢，描述的正是吃飽了飯後的戚家軍的作戰實力。這邊人數衆多，聽到倭寇殺來，大家就嗚嗷怪叫著衝上前去狂砍。倭寇說到底也不過是小股流匪，今天砍掉仨，明天剁掉倆，兵員得不到有效的補充，但凡交手，勢必要吃大虧。

由是，戚家軍之名不脛而走。

儘管如此，這支軍隊仍然有搞不明白的時候。

有一次，戚繼光奉命配合友軍，合圍劫殺倭寇，卻沒能在指定時間內抵達指定地點。這下麻煩大了，朝中百官瘋了一樣地上奏，強烈要求將他宰掉。不要以爲大家好唬弄，戚繼光表面上歌頌上級，實則陽奉陰違，一邊拿花架子鴛鴦陣忽悠人，一邊偷著在戰場上大肆使用戰馬和常規性武器，這些事兒，群臣心裡都跟明鏡似的，早就看得一清二楚。現在終於逮住了機會，準備和他算算總帳。

危急時刻，缺心眼的倭寇突然鑽出來，四處亂燒亂殺。朝廷頓時麻爪，急忙下令讓戚繼光出馬，打算等事情解決之後，再來砍他的腦殼。

拜託！人家現在已經進階成了政治家，雖然手腕沒法跟特大號政治人物相比，對眼下的情形仍是瞧得明明白白。

所以呢，此後的戰狀忽然變得黏糊，打開明史，你會看到，英勇善戰的戚家軍，總能在指定時間到達指定地點，讓各級領導深表欣慰。可不知爲何，倭寇是越打越多，越打越熱鬧，總不見徹底消滅。

就這樣，戚繼光在沿海地區和倭寇們打過來，打過去。終於打到朝廷忘記了他沒有在指定時間抵達指定地點的陳年鳥事，才發動一次規模性兵團大作戰，將之徹底消滅。然後他轉往北疆，和少數民族兄弟們亂打一氣。

正如前面說過的，只要按照軍事規律來辦事，臨到戰場上，明軍又占到兵員的絕對優勢，打將起來，壓根沒有不贏的道理。

贏則贏矣，他的心，已是蒼老不堪……

一般來說，軍人性子火爆，輕易不會怕老婆。可換做成功的政治家，普遍都有怕老婆的毛病。

爲什麼呢？

因爲啊，政治家這種動物，講究的是於雙方的衝突中尋找妥協點。妥協本身是違反人性的，是充滿了屈辱與無奈的，尤其是下屬對領導的妥協，更意味著心靈上的巨大創痛與屈服。

就拿戚繼光來說，明明朝廷出台的政策全都混蛋到了極點，可他爲了糧草與兵餉的支持，還是得昧著良心，硬著頭皮歌頌各級領導的英明。這種屈辱與苟且，別人看不到，只看到戚家軍縱橫沙場，殺得敵軍人頭滾滾。獨獨他和他的親人清楚，戰場上的每一顆敵軍首級，都是血淚換來的。

這種血淚，這種屈辱，盡數看在戚繼光妻子的眼裡。看太多了，她就有點瞧不起丈夫的畏縮苟且。

女人都是天生的政治家，卻始終無法理解男人的政治藝術。她們覺得，男人在政治的妥協中，表現出來的屈辱與忍耐，太娘泡了！於戚繼光的妻子而言，家裡有她一個女人就夠了，沒想到丈夫的表現，居然更像個娘們兒，自然要感到極度的驚訝不解。

戚繼光，你原來就是個臭娘們兒！

可想而知，戚夫人在老公面前的表現，有點兇。換句話說，留名青史的戰將戚繼光，有懼內的毛病，一見老婆就怕得全身顫抖。大白天，他在將士們面前威風八面，說殺就殺，說打就打。可等戰事過後，回到家裡，只聽老婆一聲怒吼，輕鬆就把他嚇趴在地，大氣也不敢喘。

這樣的日子過久了，老戚心裡委屈得不行，忍不住向部屬哭訴。

部衆聞知戚大人每天回家都要被暴打，怒不可遏，齊聲怒吼：「打！打！打她那個爛娘們兒，竟然敢折辱我們的將軍，這眞是太不像話了……將軍，這是刀，拿在手上，去把那娘們兒砍了！」

眼望鋼刀，他爲難地道：「我……我……我一見她就害怕……有刀也不敢動手啊！」

唉！你看他這個沒出息勁！

三軍將士氣得瞪眼跺腳，忽然靈機一動，想到一個好法子，「將軍，你怕你老婆，我們可不怕她。要不這樣好了，你把我們都集合起來，叫她過來，大夥衝她一吼，肯定能嚇住她，以後就不敢再欺負你了。」

「好！這個辦法好！」

於是戚繼光傳令下去，三軍擂鼓集合，將士齊聲虎吼。這吼聲曾嚇得倭寇魂飛膽裂，這吼聲曾驚得北疆部族聞風喪膽。現在，他要用驚天動地的氣勢，震住自家婆娘。

果然，沒吼多久，他老婆出來了，雙眼瞪得大大的，「姓戚的，你搞了這些雜碎，又擂鼓又吼叫的，想幹什麼？是不是皮肉癢癢了？」

就見戚繼光也圓瞪虎目，哇哇哇大叫一陣，隨後撲通一聲，人已經跪倒在妻子腳下，用顫抖的聲音道：「有請夫人……夫人……閱兵……」

三軍將士齊齊暈倒，「好一個沒出息的貨！」

然而那個年代需要的，正是戚繼光這樣的怕老婆英雄，願意在女性面前體現出最大程度的忍讓與寬容，在敵人面前，卻如獅虎一般的驍勇。若非如此的鐵血勇士，斷無法完成大明時代的軍事復興。

第10章

勾心鬥角大錯亂

說起嚴世蕃，別的本事沒有，唯獨猜測上頭的心思，一猜一個準——很顯然，他比別人更瞭解皇帝的困境，知道老闆終其一生都在為智力缺陷而痛苦。

我們必須承認，朱厚熜的內閣制，將國家的治理拉回到理性的軌道上。

早年，朱元璋厭惡朝臣與他分權，斷然取消了宰相制，改由錦衣衛的特務統治來強化皇權。很難斷定這兩種政治格局的優劣，但至少，內閣制度下的權力鬥爭，能夠滿足人們的看熱鬧心態。

朱厚熜非要內閣不可。不高的智商使他清晰地認識到這一點，同樣也是因著不高的智商，讓他隨時得面臨被朝臣奪權的危險。一個時刻處於箭拔弩張、相互撕咬狀態的內閣，最是合乎他的利益。

最早的內閣，實際上是由明武宗朱厚照死後，企圖奪取最高權力的朝臣們設立的。他們希望能夠以這樣的權力組合，迫使朱厚熜讓步。

可這廝並非任人宰割之輩，偷偷派出老管家袁宗皋潛入內閣，作爲內應，卻不想老袁過沒幾天就莫名其妙死翹翹了。幸好大臣們也非鐵板一塊，親爹派的分化，爲傻皇帝帶來無限希望。

親爹派的首腦人物叫張恩。這廝前半輩子都在匆忙趕路，七次科舉不中，導致他不停地往返於家鄉與京師的考場之間。正因文星太暗，和朝臣們沒多少共同語言，眼見這夥人強逼著皇帝不認親爹，看不過去了，挺身而出，力證人都是爹生媽養的，大家不應該這樣做。

張恩的言論，激起群臣的滿腔義憤，索性埋伏於道，手持鐵械，準備在他上朝的途中，將他活活打死。幸好朱厚熜早料到了這一點——這些當官的，一個個全是他媽的目無法紀的暴徒！於是救下老張，並把他強行塞入內閣。

張恩初入內閣，大展拳腳，天天變著法兒找老頭們吵架，吵得大夥一個個耳聾眼花，不得不辭職。但沒過多久，另一個不怕吵的老頭夏言趁機衝起來，張恩非但沒能吵贏，反被折磨得欲哭無淚，乖乖滾蛋。

正當夏老頭威風凜凜，以為自己將獨霸內閣時，人類歷史上超詭異的大權臣嚴嵩突兀殺入，與之大戰。戰不多時，夏老頭招架不住，先是被流放，走到半路上突然一轉向，直接被拖到法場上砍了。

此後，就是權臣嚴嵩用事的時代。

嚴嵩之所以能獨霸內閣，受到重視，是因為他有個怪兒子嚴世蕃。說起這個嚴世蕃，別的本事一概沒有，唯獨猜測上頭的心思，一猜一個準——很顯然，他比別人更瞭解皇帝的困境，知道老闆終其一生都在為自己的智力缺陷而痛苦。

相較之下，別人雖然也曉得朱厚熜智商平庸的現實，但或者表現得過於明顯，或者出自於對他手中權力的恐懼與渴望，干擾了思維的判斷，反倒經常莫名其妙地把他當成智商很高的人來看。嚴氏父子實在比他們上道多了，自然要掌握實際上的國家權力。

一人之下，萬人之上，是誰掌握這個權力，就要幹掉誰，此乃皇權政治千百年以來不改變的規律。由是，朝臣們再也顧不上朱厚熜管誰叫爹，非爹派一哄而散，轉而前仆後繼，繼往開來，對嚴氏父子的專權發起攻擊。兩父子則好整以暇，穩坐釣魚台，來一個，滅一個，來兩個，殺一雙。雙方的糾結彷彿無休無止，直到道士藍道行從斜刺裡殺出，改變權力鬥爭的格局爲止。

其實，朱厚熜經常收到關於嚴氏父子弄權的小報告，可他正全神貫注地思考長生不老之術，暫時顧不上理會人間閒事。

一天，他又招來道士，探討煉丹之術的思想綱要。藍道行替他占卜，忽然道：「不得了了！皇上，神仙說了，嚴嵩父子是大壞蛋。」

這時候，朱厚熜說了一句徹底暴露自己智力缺陷的話：「既然如此，神仙怎麼不修理他們？」

聽聽這話！聽聽這話！已經是六十多歲的老頭了，講出來的話，比三歲的娃娃還要天真。這智商，如何靠得住？

藍道行當然要玩他，「神仙不出手，是留給陛下你啊！」

朱厚熜信然，將嚴世蕃下獄。

天外飛來橫禍，嚴嵩聞之大怒，四處打聽事情是誰幹的，很快查出老道藍道行，急忙舉報，「報告陛下！雜毛老道在玩你。」

我們都清楚朱厚熜最恨的是什麼，當下不由分說，一刀宰掉姓藍的。

且說嚴世蕃被流放雷州，在路上招聘了四千名江湖藝人，聲言還要再殺回來。內閣中的幾名大臣知道狀況不妙，以徐階為首，聚在一起商量如何快一點宰了他。

大家為他羅列了諸多罪狀，件件有鐵證，樁樁有證據，可徐階看了直搖頭，「你們這些笨蛋，知不知道皇上缺心眼啊？要想搞死嚴世蕃，講這些全是沒用的，你得說……」

「說什麼？」

「說他私通倭寇。」

「可是嚴世蕃壞事做絕做透，就是沒有私通倭寇啊！」

「那不管，反正要宰了他，非唯這麼一個理由不可。」

眾臣聽了徐階的話，合夥上書，眾口一詞，誣陷嚴世蕃私通倭寇。朱厚熜大怒，立刻將他殺頭。幹完了這樁活，只覺得神清氣爽，就專心致志地蹲在小屋子裡煉丹藥。一邊煉一邊吃，吃著吃著，忽聽唭崩一聲，腸子斷裂，好棒呀！傻子皇帝的苦惱人生，總算徹底解決。

卷十　下腳料也有青春

亂局持續蔓延擴張，地方官看不下去了，
就有大膽的衝出來，
將選妃的大太監張進朝抓住一通暴打。
一打可不得了，打出一樁驚天詐騙案來……

第1章

人生以躲貓貓為己任

朱載壡的命運，恰如他的名字，充滿溝壑與險難。自打懂事起，就不停地在宮裡到處轉移，親爹往東，他就得朝西跑，親爹去南邊，他就得往北躲。

人生就是一副牌，抓得好壞，是上帝的事。玩得是否精采，是你自己的事。如果說，嘉靖皇帝朱厚熜是一副牌，那麼，抓到這副牌的是太子爺，玩這副牌的，還不知道是什麼人。

爲什麼呢？

因爲他活得太……太長了。

大明帝國的皇帝，基本上來說壽命都不太長。你都當上皇帝了，還活那麼久幹什麼？有多少生命的能量與激情，也扛不住後宮如狼似虎的廝啃，對吧？然而，正因爲享受著無邊的快樂，凡身爲皇帝者，莫不渴望著壽與天齊，仙福永享。

這個願望，在嘉靖皇帝朱厚熜身上如願以償。這廝整整活到六十歲，由此可見，他在僞科學煉丹術上的研究，還是有所突破的，塡補了世界的空白——也許不食丹藥，他能夠活得更長久，但這不符合皇太子的願望。

世宗嘉靖皇帝朱厚熜不僅活得比較長，兒子也生得比較多，一共有八個。老大叫朱載基，生下來看看世界，感覺沒什麼好玩的，一閉眼睛就死掉了。接下來出世的老二，名叫朱載壡。

按道理來說，應該由這孩子出任帝國皇太子一職。偏偏有個缺德道士陶仲文，選在這時候進宮裡來，意在幫助皇上克服技術難題，早日煉出仙丹。就聽他說了：「陛下，可知道你祖上的那些皇帝們，爲啥都是那麼的短命？」

朱厚熜問：「爲啥呢？」

道士解釋說：「其實啊，他們都是被太子剋死的。爲啥太子要剋親爹？這是因爲皇帝和太子都是龍，兩條龍嘛！兩龍不相見，見必相剋。那又是爲啥兩龍見必相剋呢？那個啊……總之，你說對不對？」

朱厚熜一聽，恍然大悟，「你丫說得太有道理了！那什麼，馬上讓老二給我消失，別再讓我看見他。」

倒楣的老二朱載壑，一生的命運，恰如他的名字，充滿了溝壑與險難。自打懂事起，就不停地在宮裡到處轉移，四處躲避，親爹往東，他就得朝西跑，親爹去南邊，他就得往北躲。

可以確信，他根本不明白自己在躲什麼，只知道這世界太恐怖了，有某個可怕的東西正在追逐他，一旦被逮到，鐵定會被吞食得骨血無存。

小時候朱載壑不是太懂，還以爲這世界上的所有人都在過同樣可怕的日子，但隨著年齡增長，慢慢就產生了疑問：咦！爲啥別人活得輕鬆自在，不需要爲了戰略轉移疲於奔命，躲避大魔頭的追殺？為何就只有我，成天過著顛沛流離的苦難生涯？

智慧由痛苦中產生，疑問一旦浮現，人生立即籠罩無盡的黑暗。

正當極度痛苦的時候，更可怕的厄運降臨了：因著朝臣的要求，他，朱載壑，當選為帝國的皇太子。

在別的朝代、別的時候，一個皇太子之位，能夠爭到伏屍累累。可在朱載壑這裡，這只意味著他更得小心地躲避父親，稍不留神，兩人撞個臉對臉，當爹的肯定會將兒子碎屍萬段。

父子倆一輩子都在相互躲貓貓，一面也沒有見過，彼此連對方的相貌長相都不知道，不可能有絲毫的親情，有的只是滿滿的猜疑、仇恨與怨懟。處在如此的成長背景下，皇太子心中的痛苦，直與身陷煉獄無二。東躲西藏，到處打洞，這樣的人生……擱誰誰樂意呢？

於是，躲了多年貓貓之後，皇太子朱載壑徹底疲倦，腿一伸，兩眼一閉。臨死前留下一句遺言：「這不是我想要的生活。」

這不會是任何人想要的生活。

老二朱載壑悲憤離場，老三朱載垕緊接著走入歷史。

所以我們說，朱厚熜是一副超爛超爛的牌，抓到這副牌的是朱載壑，而眞正玩這副牌的，卻是朱載垕。

這位老兄，又是一個什麼樣的人？

有史官瞎掰說，世宗皇帝的第三個兒子朱載垕過週歲時，宮女們端了珍珠玉佩等玩意兒，放在他的面前，看這小傢伙要抓什麼東西。不想小朱載垕對珍玩不屑一顧，一把就抓住了印石與龍旗，死活不撒手。

所以史官們說了，這小鬼頭，打小就知道抓權，長大之後，定然是個有爲的政治家。

第 2 章

人生太匆匆

朱載壡這廝的人生還沒有開始，就已經草草結束。為什麼會這樣？是不是跟親爹長久以來的躲貓貓遊戲，耗盡了他的心神？

瞎掰過後，是比瞎掰更離奇的史實：西元一五三九年，老二朱載壡九歲，冊立為皇太子，老三朱載垕也已經三虛歲了，跟著沾光晉升為裕王。兄弟二人在各自的保姆帶領下，步入莊嚴神聖的儀式現場，經過漫長而繁瑣的禮儀，最後由朝官授予冊寶，也就是頒發皇太子資格證和裕王資格證。

朱載垕的保姆接過證書，抱著小東西繞場三周半，向在場的觀眾表示感謝。感謝完了，偷偷地打開證書一看，登時昏倒。

為啥要昏倒？

他拿在手上的，竟然是皇太子的任命書！

不好意思！不好意思！弄錯了，兩本證書弄混了——這朝官的腦子，真不知道裝的是什麼。

看到這裡，你開始羨慕了吧？瞧人家這孩子，明擺著是當皇帝的命。就連世宗朱厚熜聽到消息都淚流滿面，仰天長歎曰：「天意也！」

朱載垕也興高采烈，準備迎接自己華麗的人生了吧？

沒那事！

此刻此時，這倒楣孩子正挖窟窿掏地洞，東躲西藏四處亂鑽。他確信二哥朱載壑實際上是親爹殺死的，因爲爹相信，天無二日，人無二主，兩龍相遇，必有一傷。宰掉太子還不夠，必須將親生的孩子全部宰光光，才有可能壽與天齊，仙福永享。

沒有記載表明，朱載壑是被嘉靖皇帝幹掉的，但此事發生的機然率遠遠高於百分之百——即使不是嘉靖皇帝親自下令，也會有人趁這機會先宰兩個皇子過把癮，反正老闆不會追究。事實上，處於恐懼之中的朱載垕很快就要發現，他已經是父親唯一的、僅剩的兒子了。

活下去！無論如何也要活下去！

他咬牙對自己說：「不管用什麼辦法，只有活下來，我才有機會……報今日之仇！」

於無盡的恐懼之中，他堅持不懈地躲啊、藏啊，總算有一天，晴天霹靂，當頭一棒，特大利多消息傳來：皇帝死翹翹嘍！

他雙腿一軟，一屁股坐倒在地，「這是眞的嗎？」

千眞萬確。由是，大明帝國的第十三任皇帝隆重出鏡。

• 姓名：朱載垕

•出生：一五三七年
•出生地：北京
•生肖：雞
•血型：O型
•身高：一百七十五公分
•體重：六十六公斤
•相貌特徵：溫靜，機靈，謹小慎微
•特長：躲貓貓
•社會關係：
父親：世宗朱厚熜
母親：杜康氏
妻子：李氏
有兒子四人

一歲：抓周，抓到印信和龍旗。

三歲：獲得裕王任命，但在任命過程中，由於禮儀官員的疏失，將老二朱載壡的太子執照發給了他。

十七歲：大婚，娶妻李氏。

十八歲：母親杜康氏喪亡，以宮人之禮送葬，規模極低。對他而言，不啻於一次沉重的政治打擊。

二十二歲：愛妻李氏亡故，葬禮規格極低。對他而言，意味著又一次更沉重的政治打擊。

二十三歲：太子朱載壡死，死因不詳。從此皇朝拒立太子，朱載垕處境岌岌可危。

三十歲：世宗死，當選為大明帝國第十三任皇帝。就職當天，釋放關押在天牢中的清官海瑞，天下人奔相走告。

三十一歲：韃靼王子俺答侵犯大同。

三十四歲：俺答有個大女兒，大女兒又生了個漂亮的女兒，號三娘子，絕美，與兔扯金有婚約。而兔扯金的女兒，早已經嫁給了他。沒成想俺答超禽獸，硬占了外孫女兒不說，還打算再讓兔扯金娶回自己的親生女兒。兔扯金聞訊頭暈目眩，遂降明。俺答急忙綁白蓮教教衆五人，也示意與明朝合好。

三十五歲：封俺答爲順義王。

三十六歲：卒。

我們很驚訝地看到，朱載垕這廝的人生還沒有開始，就已經草草結束。三十歲剛剛登基，三十六歲就急急死去。匆匆，太匆匆啊！爲什麼會這樣？是不是跟親爹長久以來的躲貓貓遊戲，耗盡了他的心神？

對此，朱載垕自己總結說：「不是的，是後宮的美女太漂亮了，我沒能忍住。結果呢，享受的頻率和速度是上來了，生命的週期卻大大縮短啊！」

第3章

填補了偽書的空白

王部長在任期間，先後完成《諸品仙方》、《養老新書》等科學著作。皇帝正是照了這些書上配出來的方子，日夜不懈地把丹藥吃進肚子裡，結果……

必須承認，隆慶皇帝朱載垕對自己的評價，還算沾了點客觀的邊。這位老兄自打登基爲帝，頭一樁事就是大選民女入宮。宮中美女數量大幅超編，他完全不管，只顧搞些藥力超霸道的春藥，咕嘟咕嘟灌下去。如此這般這般如此地狠搞六年，直把生命能量徹底消耗殆盡，這才醒過神來。

醒過神來，就有人要倒楣了。

活該倒楣的人，名字叫王金。

此人原本是政府公務員，爲國子生，大約相當於政策研究院研究員這麼個職位。這職位沒有油水可撈，於是他棄官出走，入山找神仙去。不長時間，江湖上便傳來消息，說他果眞找到了神仙，並習得了點石成金的秘方。

詭異的是，這消息只在江湖上瘋傳，而各級縣衙門裡，流傳的卻是他的一張通緝令，不曉得這廝犯了什麼毛病，竟然殺傷人命，潛逃在外，至今尙未歸案。

如此一來，王金的身分變得複雜，相當於犯了法的活神仙，又或者是有神異之術的罪犯。這可不行，他只需要保留其中一個身分，太多了沒必要。當下趕緊通過層層關節，向當時的皇帝朱厚熜獻上一瓶仙酒。

且說朱厚熜將酒拿到手上，咕嘟喝下一大口，好傢伙！旋即目光炯炯，精力瀰漫，後宮諸多美女駭得魂飛天外，到處躲藏。

明擺著的，王金在生物科學上取得了突破，自然要被延攬入宮。

不久之後的某一天，朱厚熜走出皇宮，驚見面前有一座靈芝堆成的小山。山頂之上，王仙人正自搖旗吶喊：「吾皇萬睡、萬睡、萬萬睡！」

朱厚熜大喜，命其出任太醫院御醫職位，相當於今日的衛生部部長。

史書上記載說，王部長在任期間，兢兢業業，勤於職守，帶領一批專家隊伍，先後完成了《諸品仙方》、《養老新書》等科學著作，塡補了人類歷史上僞書的空白。而朱厚熜正是照了這些怪書上配出來的方子，日夜不懈地把丹藥吃進肚子裡，結果就聽一陣崩吧吧吧……好好的一條腸子，給他活活吃斷。

現在，隆慶皇帝朱載垕要狠狠打擊僞科學，命內閣將王金等僞科學人士鎖拿歸案，決心搞死，並責成內閣名臣徐階搜集證據，準備提交法庭。

徐階好一番辛苦奔走，檢查了皇宮裡燒煉丹藥的爐子，詢問了每一個當事太監及宮女，終於把證據搜集足備，準備要開庭審判。這時候，學生高拱突然站出來說：「老師，你弄錯了吧？我可以提供證據，證明王金等人無罪。他們不是什麼僞科學的騙子，是我國難得的人才。」

聞言，徐階的眼睛都直了，「眞的有證據？拿出來看看。」

高拱冷笑一聲：「老師，你想要證據，這還不簡單？且看——」說著，猛一個華麗轉身，「先皇聰明絕頂，智商超高，臨御天下四十五年，享年六十歲，天下人都知道他是壽終正寢，含笑辭世，你偏要說他是被一幫騙子活活騙死的。難道，在老師的心目中，先帝竟然是一個笨蛋、一個蠢貨、一個腦殼進水嚴重的傻瓜？」

「你……」聽完學生的發言，徐階老頭登時傻眼，良久才大叫：「高拱，不愧是我的好學生！看你這滿臉無恥的模樣，眞有乃師我當年的神韻。徒兒啊，如今你已得爲師之眞傳，爲師可以放心去也……」

從此，徐階被他最親愛的學生掃出歷史。

我們應該還記得，他當年就是用同一個法子搞死嚴世蕃的。高拱盡得眞傳，相信這老頭能含笑九泉。

話說回來，高拱爲啥非要搞死老師？

這其實是人類社會發展的客觀規律。絕大多數的學生，內心都懷抱著推翻、戰勝老師的衝動。在良性的社會法則之下，他們會努力於學術研究上取得超越，但攤在大明帝國惡劣的皇權體制下，高拱對老師的態度，應該算是仁慈的了。難道不是？他終究沒有把徐階打倒在地，再踏上一萬隻腳，徐老頭要知足了。

一起普通的刑事案件，突然演化爲內閣權力的激烈鬥爭，眞正獲利者乃僞生物科學家王金。沒人再敢說他能夠騙得了世宗皇帝，所以理論上來說，他壓根不可能是成功的騙子，最多是在專業研究上還需要更加努力的專家而已。

朝廷很快做出最後裁決，審判詔書如下：

我皇考聖神睿智，荷天篤佑。壽者正終，享國享年，乃自古帝王所罕及者，何嘗輕用方藥！卻乃委罪於人。茲事既會鞫明白，其宣付史館記錄，垂示萬世。金等既有別罪，依擬更論具奏。

全體朝臣起立，聆聽最後判決：王金無罪開釋，但因業務能力不足，調到旗縣一級的衛生機構去。往後繼續捧著丹爐，搞他的藥物學研究吧！

第 4 章

民主就是打群架

殷士儋一轉身，戟指高首輔，「你橫行霸道，獨佔內閣，居然還想擠走老子！休想！要敢碰老子一根汗毛，老子就……」說著猛然衝上前去，一拳擊出。

必須承認，隆慶帝時代的內閣，出現了令人欣欣向榮的民主氣息。

什麼叫民主氣息？

簡單說，就是動手打群架的風氣。

怪了！動手打群架，這與民主有啥關係？

是這個樣子的，舉凡不民主的時代，權力必然高度集中。處在如此情況下，臣屬們斷然不敢拳腳相向，但人性趨利的本能固不可撼，於是乎，國民政治生態走向深層次的奴性心理與權謀思維，也就是我們通常所說的：表面上道貌岸然，肚子裡男盜女娼。沒辦法，人心裡的各種慾望都需要釋放，漸進式的釋放，雖然顯得有點卑瑣，至少不傷害社會。否則強行壓抑，到了最後，勢必引出打著冠冕堂皇旗號的暗惡大爆發。

現在，新登基的隆慶帝祖上無德，生來命苦，少年時代都在躲避父親的追殺與恐懼中渡過，壓根沒接受過嚴格的帝王教育。所以呢，說白了，這個皇帝，他壓根不知道該怎麼做。

不知道最好！他不知道，朝臣們當然要趁機塞私貨，鬧軋猛，通過漸進式的方式，釋放自己心裡的種種欲念。

話說自打高拱趕走老師徐階，又接連驅走幾個妨礙自己的人，從此獨霸內閣，成爲首輔。他的權力擴張引發了同事們的無比悲憤，內閣之中，遂有拳擊門事件爆發。

拳擊門事件的主要人物，一方是首輔高拱，另一方是他的政敵殷士儋。此人乃山東大漢，天生的爆脾氣，久對高拱氣憤於心。

有一年大年初一，朝廷舉辦團拜會，六科的給事中們，成幫結夥地去內閣給領導拜年。其實，這六位給事中也都是領導，如今看來，大概是科長的職位。

當時，殷士儋見到一個曾對自己提過意見的「科長」，忍不住怒氣沖沖地走過去，說：「聽說你對我有意見，有意見是好事，有意見可以提嘛！但我必須提醒你，最好提一些眞正能利國利民的建設性意見，以免被壞人利用。」

首輔高拱剛巧在旁邊聽到了，什麼跟什麼？被壞人利用？這話是啥意思？這不是指著老子的鼻頭罵我嗎？憤怒之下，厲聲指責道：「殷士儋，注意你說話的態度！你說誰是壞人？」

殷士儋一轉身，戟指高首輔，「說的就是你！你橫行霸道，獨佔內閣，居然還在背後搞陰謀，想擠走老子！休想！今天給你把話撂在這兒，你要敢碰老子一根汗毛，老子就……就……」說著竟猛然衝上前去，一拳擊出。

高拱終不愧是首輔，那身手端的不是蓋的，只聽他一聲大叫，身形如電，瞻之在前，忽焉在後，仰之彌高，鑽之彌深，已經閃到了殷士儋身後。這一閃不要緊，卻把原本站在他後頭的張居正給露了出來。

老張急忙勸架，「不要打架，嗯，不要動手打架，打架是不文明的。我們要文明，要五講四美，嗯……」

卻不想，由於他在日常工作中與高拱配合得比較默契，朝臣都認定兩人穿的是同一條褲子。見他出來勸架，殷士儋更怒，索性把一肚皮的火氣全倒過去，指著鼻頭就罵，「日你娘親！丟你老母……」各種污言穢語傾巢而出，不絕於耳。

高拱、張居正和殷士儋，是那時大明帝國權力最大的三個人物，老哥仨打成一團，罵得爽快，其餘小芝麻官等，誰敢再上前勸架？一句話說不對，得罪了哪位爺，這輩子的榮華富貴就到頭了。

所以，要想讓仨老兄別打了，除非是皇帝爺親自勸架。

說人人到，皇帝果然勸架來了，「不要打了！不要再打了……那誰，那是誰，你怎麼又在後面偷踹人一腳？要打出來打，躲在背後算什麼本事？不是早就告訴過你們的嗎？要團結，不要分裂；要文明，不要打架。你們他媽的一個個可都是朝廷重臣啊，居然擠在內閣跟地痞流氓一樣的大打出手，呼爹罵娘，這要是讓史官記下來，還有臉再幹下去不？」

殷士儋怒氣衝衝地道：「陛下，老子辭職！」

隆慶帝大驚，「別……別說你幾句就鬧辭職啊！有話，咱們慢慢說啊……你眞的要辭職？」

「當然是眞的，這是我的辭呈，請陛下過目。」

「過目就算了。既然你要告老回鄉，我會吩咐吏部戶部，給你按退休計算，獎金津貼什麼的，一文也不會少。」

「那我謝謝陛下了。」

殷士儋退場，隆慶帝長長地鬆了一口氣。好了好了！現在內閣就剩下高拱和張居正，這兩頭叫驢，該不會再相互踢打了吧？

正欣慰之際，忽有宮人飛奔來報告：「陛下陛下！不好了，那邊又打起來了！」

他心裡那個上火啊！「又是誰？還讓不讓人消停了？」

「報告陛下，是太監黑社會拿西瓜刀在砍朝臣，砍得那個狠喲！大家都不敢管，你快去看看吧！」

倒！怎麼好端端的，太監組織起黑社會來了？

第 5 章

禁宮殺出黑社會

突聽平地裡一片驚天的吶喊聲：「衝啊！殺啊！為老大報仇！」就見數百名黑衣小太監，人手一把西瓜刀，從宮門裡蜂擁衝出，向百官衝殺過來。

隆慶皇帝時代，太監們組成黑社會，拎著刀子上街砍人，乃千眞萬確的事情。這位老大的名字叫許義，不太清楚是什麼來頭，只知道經常帶一幫小兄弟，拎著西瓜刀，氣勢洶洶地上街去收保護費，捎帶腳地在漂亮女攤販臉蛋上扭一下。哪家商販敢不掏錢，立即砸了攤子，絕不跟任何人客氣。

後世的史學家花了大力氣，下了大辛苦，想弄清楚這夥純粹由太監們組成的黑幫，除了劫財，是否有劫色的事件發生。

但是很遺憾，眞的很遺憾，那時的史官全蹲在內閣，詳細記錄高層領導打架及罵娘的熱鬧事兒，壓根沒注意到街頭出現太監黑社會。等知道的時候，事態早已經鬧得不可收拾。

由於黑老大許義具有超凡的組織才能，宮裡的太監又閑極無聊，很快就募集出一百多名手下，成爲威震京師的第一江湖組合。京城中原有的黑道兄弟被迫流著淚水，打起包裹，去外地開發新市場。

眞的打不過，丫的一出動就幾百號太監，哪個江湖黑幫能有這勢力？

總之，許義越鬧越凶，漸漸有接管北京城防務的衝動，這就導致了宮中第一幫大戰御林軍的歷史性傳奇。

事情是這個樣子的，當時負責北京防務工作的，乃五城兵馬司指揮李學道。這廝也不掂量掂量自個的實力，以爲自己擁有正規軍的力量，就悄悄調集人手，招呼也不打一個，猛然衝殺出來。

許義正在沿街收取保護費，沒有防備，被李學道手下的人衝上前來，雙方經過爲時短暫的對砍，許義及手下兄弟的西瓜刀，砍不過官兵手中的長矛火槍，全被當場擒獲。

許義是警告過李學道的，「姓李的，你敢碰咱家一根手指頭試試？你信不信咱家把你……嗷嗷嗷！」

說時遲，那時快，人家壓根就不信邪，大板子不由分說便打下，把他打得哭爹喊娘，血肉模糊。

打完了許老大，李學道神情氣爽，得意洋洋，搖搖擺擺地混在朝官隊伍之中，前去上朝。剛剛走到宮門前，突聽平地裡一片驚天的吶喊聲：「衝啊！殺啊！爲老大報仇！」

衆官大驚扭頭，頓時色變，就見數百名黑衣小太監，人手一把西瓜刀，從宮門裡蜂擁衝出，向百官衝殺過來。

饒是大明官員想像力超凡，也料不到皇宮裡能冒出黑社會。

驚訝之際，一眾小馬仔已奔上前來，不由分說，照著李學道一通狂砍。他驚得魂飛天外，東躲西竄，卻又如何逃得過數百名小馬仔的兇猛追撲？直被砍得血肉模糊，面目全非。

有分教：禁宮殺出黑社會，黑幫頭子在大內。打黃掃黑要謹慎，馬仔把你往死K。監督五城兵馬司指揮李學道，至此才深悔自己的孟浪之舉。黑社會是好招惹的嗎？尤其是禁宮裡殺出來的，那來頭更大。你竟然敢抓了人家老大打屁股，活該被砍個半死。

黑幫太囂張了，該是動眞格的時候了。

隆慶皇帝對此事表示了高度的關注，決定親自登台審理此案。台下左邊趴著血肉模糊的黑老大許義，右邊趴著鮮血淋漓的朝官李學道，就聽他朗聲問道：「你們兩家，誰先動的手？」

許義大叫：「陛下，是他先打的我。」

李學道也大叫：「陛下，他是黑社會啊！」

「胡說！在陛下的英明領導之下，怎麼可能出現黑社會？」

「你……我……陛下……這個……那個……」

朱載垕一拍桌子，「好了，事情已經查明白了。李學道無故挑起爭端，糾眾滋事，目無法紀，理應……嗯，算了算了，你家裡還有老婆孩子要吃飯，眞要嚴打了你，豈不是造孽？調到旗縣去任職吧！記住，可不許再鬧事了。」

李學道不服，「陛下，我沒鬧事，許義眞的是黑社會老大。」

「你怎麼沒完沒了呢？算了算了，要不這樣好了，許義也一塊調走，嗯，就調到孝陵去出任城管吧！那裡的小商小販，確實該抓一抓了。」

於是李學道被貶官，許義則帶著手下兄弟，換上城管的制服，氣勢洶洶地殺奔孝陵，打得擺攤的商販哭爹喊媽，不在話下。

第 6 章

分居門事變

亂局持續蔓延擴張，地方官看不下去了，就有大膽的衝出來，將選妃的大太監張進朝抓住一通暴打。一打可不得了，打出一樁驚天詐騙案來……

繼拳擊門、黑幫門之後，朝中又爆出了「分居門」大案。

分居門事件，是雲南試監察御史詹仰庇鬧出來的。當時，這廝接替被下放的李學道巡視內城，忽見一名御醫從宮裡出來，急忙衝上去問：「兄弟，有啥新聞？」

「沒啥新聞。」

「沒啥新聞，那你進宮裡幹啥？」

「這是因爲皇后遷出了慈寧宮。」

「什麼？不會吧？」

按帝國法律，慈寧宮乃皇后所居，皇帝的職責，就是隔三岔五過去找她恩愛恩愛。皇后遷出慈寧宮，意味著夫妻分居，意味著皇帝另有新歡，不再與她履行夫妻義務。

詹仰庇趕緊回家，關起門來寫奏章，上面說：我知道，這封奏章寫了，我的小命就完蛋了，可若不寫，眞他媽憋得難受啊！與其憋得難受而活，不如痛快而死。一句話，皇帝，你到底想不想再和皇后那個什麼？不想你也得想，不幹你也得幹，因爲這是你的責任，你的工作，你的人生義務，你的歷史使命。自己想清楚，你到底幹還是不幹？

奏章遞上去，朝官們都嚇壞了，看詹仰庇的眼神，就像在看一個死人。不多時，奏章批了下來，大家衝過來，搶到手，瞪眼一看，朱載垕的批覆是：我們兩口子的事，你他媽的少管。

原文如下：爾不曉宮中事，多言！姑不究。

朝臣們長長地鬆了一口氣，隨即又有點提心吊膽。老闆連打死詹仰庇的心思都沒有，是不是他的身體……

確實，朱載垕的身體，出了一點問題。這點問題，會不會導致什麼影響？所謂的影響，大概是一個姓吳的書生最清楚。

話說，此書生原本正在進京趕考的途中，看到一幢莊園，過去要求歇息。莊園主請他入內，坐下奉茶。很快有個上了年紀的老頭出來，問他的籍貫來歷，他一一對答。稍頃，又有一老太太出來，說我們家有個絕頂美貌的姑娘，尚未許配人家，公子是否有意？書生半信半疑之際，被一群人擁入，不由分說推進一間屋子裡。進去後仔細一瞧，果然有個羞澀的美少女坐在床邊，當下大喜，餓狗撲食，衝了過去……

從此，書生醉臥於溫柔之鄉，時日漸久，終於弄清楚自己怎麼會有這般好運。

原來，最近聽說皇城使者來到，附近三鄉五里，舉凡容貌漂亮的未嫁少女，一律拉入宮。當地人家因此驚恐莫名，家家派人上街綁架男人，一旦逮到，管你有無老婆，立即關入洞房。更有攪混水鬧軋猛的老娘們兒，也趁這工夫瞎起鬨，趁亂上街捉書呆子，為後半輩子找靠山。

他老兄算是運氣好的，碰上真正的美少女。許多男人則是喜滋滋地被關入洞房，卻發現裡邊埋伏著一隻母夜叉！

總之，形勢一片大好，而且越來越好。

沒多久，這支由大太監張進朝帶領的捕人隊，經過江南進入了湖廣，在當地又掀起一股亂嫁狂潮。

最離奇的是，幾個受到了朝廷封賞的誥命夫人，年紀都老大不小了，居然也硬趁這機會綁來幾個年輕男人，不由分說，先享受一下美好的生命。

亂局持續蔓延擴張，地方官看不下去了，就有大膽的衝出來，將選妃的大太監張進朝抓住一通暴打。一打可不得了，打出一樁驚天詐騙案來。

原來，這支選美小分隊，純粹是民間自發組織起來的，跟皇帝朱載垕一點關係也沒有。就算是比較早期的民間私募吧！張進朝這廝把挑選來的美女，一部分贈送給了朋友，還有一部分賣到了妓院，套現資本金……

消息傳到朝廷，朝臣自然一通大鬧，衆口一詞，紛紛指責皇帝不注意影響，擅自和皇后分居，因而讓騙子有機可乘，禍亂民間。朱載垕，你必須對此事做出解釋！

朱載垕很惱火，先傳令把假傳聖旨的張進朝剁碎了，然後回到後宮，坐下來歎息一聲，隨即死翹翹。

朱載垕死得實在是太突然了，連聲招呼都沒打。聽到消息，內閣首輔高拱放聲大哭，「我靠，皇帝怎麼就翹了辮子呢？他留下來的太子，才剛剛滿十歲啊！這他媽的以後可咋整？」

愛怎麼整就怎麼整，大明帝國第十四任皇帝，年幼的朱翊鈞，已經做好了出場的準備了。

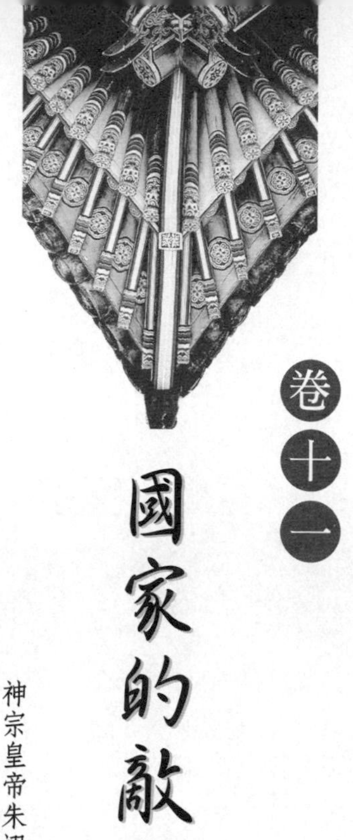

卷十一 國家的敵人

神宗皇帝朱翊鈞不視朝，
天天躲在鄭貴妃的裙子下面不出來。
各地呈上來的報告在各部門堆積如小山，
上面覆蓋厚厚的塵埃，
下面是老鼠竄來竄去……

第 1 章

仇恨的種子要發芽

朱翊鈞，他生來就背負著深重的怨毒仇恨，沒有任何力量能解。這孩子注定要成為國家的敵人，體內旺盛的淤毒，將把大明帝國薰染得烏黑透爛。

大明帝國的第十二任皇帝朱厚熜晚年，出於「兩龍不相見」的恐懼，皇太子朱載壑死後，對無可爭議的太子人選三子朱載坖起了殺機。他嚴令禁止上報有關朱載坖的任何正面消息，一心一意期待著這個倒楣兒子死去，以便將他的壽命，轉移到自個身上。

可想而知，朱載坖陷入絕頂的恐懼，每天在府中東躲西藏，哪怕是聽到門外的野狗奔過，都以爲是父親派了錦衣衛來奪自己性命，嚇得尖叫。

心理生物學告訴我們說，處在絕望狀態下的生物，繁殖慾望反倒要變得空前強烈。因爲個體的基因感受到了滅頂之災，一門心思地想找個冤大頭，以便在自身死前，將血脈傳承下去。

話說有一天，朱載坖正躲藏在一間小黑屋子裡顫抖，擔心著父親派來的刺客，會出其不意地取走他的腦殼。極度恐懼下，他趴到門縫上，瞇著眼睛向外偷看，恰好看到一個侍女經過。瞬間，體內絕望的基因搞起怪來，猛地分泌出高劑量腎上腺激素，竟讓他的身體綿軟而崩緊，忘記了恐懼，打開小黑屋的門，悄悄地招手，「過來，妳過來。」

那侍女懵懂地走過來，「啥事啊，老闆？」

他一把拉住女孩的手，「進來，我讓妳看樣東西，保證從來沒見過……」

隨著侍女的一聲驚叫，只聽哐啷哐啷，小黑屋激烈地搖晃起來。不長時間，朱載垕舔著嘴唇，心滿意足地從裡頭走出來，「老爹，你有種殺了老子，老子不怕你了。」

爲什麼忽然不害怕了？這是因爲，體內的基因順利找到了新的宿主。他這個載體，基本上來說，已經沒啥用了。

新生命開始在侍女的肚子裡孕育，十個月後，一個齜牙咧嘴的小東西，哇哇大哭著來到人間。小東西出生的時候，嘉靖皇帝朱厚熜仍然活著。朱載垕不敢將孫子出生的消息上報，導致好幾年過去了，孩子連個名字都沒有。

當然，後來，他還是有了個響噹噹的名字——朱翊鈞。

朱翊鈞，他生來就背負著宿債。父親在繁衍的過程中，將心理的恐懼與怨恨，盡數種植於孩子母親的子宮裡。這種仇恨能通過生物腺體的分泌，凝結在遺傳基因內部。如此深重的怨毒仇恨，沒有任何力量能解。

從出生的那一刻起，這孩子就注定要成爲國家的敵人。他體內旺盛的淤毒，將把大明帝國薰染得烏黑透爛。

・姓名：朱翊鈞
・出生：一五六三年
・出生地：北京城裕王府
・生肖：豬
・血型：不明
・身高：一百六十九公分
・體重：七十二公斤
・相貌特徵：陰沉，抑鬱，滿臉的絕望與憤怒
・特長：找麻煩
・社會關係：
父親：穆宗朱載坖
母親：李氏
妻子：王氏
有兒子八人

零歲前十個月：在仇恨的滋養下萌生。

零歲：於絕望中呱呱落地。

五歲：由大學士張居正起名，始有名字。

十歲：生父朱載垕死之，登基爲帝，是爲大明帝國第十四任皇帝。同年，神秘男子王大臣持刀入宮，欲行謀刺，追究其因，未明。又不多久，宦官馮保逐走內閣首輔高拱，從此張居正獨霸朝政。

十六歲：冊立王氏爲皇后。

十九歲：與李太后身邊侍女王氏發生甜蜜短暫的婚外戀情。內閣首輔張居正死，宦宮馮保下獄。

二十歲：侍女王氏生子朱常洛，但朱翊鈞拒不承認此事。直到宮中翻出皇帝性生活日記，這才被迫承認。

二十一歲：籍沒張居正之家，滿門死絕，拷掠無度，天下人無不側目。

二十四歲：宮人鄭氏生子。

二十六歲：正式罷工，從此不上朝二十六年，朝臣莫知其面。

三十五歲：被迫立長子朱常洛爲太子。

三十九歲：太子朱常洛結婚生子。朱翊鈞病重，以爲將死，傳旨行仁政。不料次日病癒，後悔，取消仁政，繼續堅持惡政不動搖。

四十五歲：太子朱常洛之母被囚死。

五十二歲：黑社會打手張差混入慈寧宮，欲謀害太子朱常洛，未果。也因爲梃擊案的發生，正式結束大罷工，重新接見朝臣。副相吳道南生平頭次面見天子，驚懼過度，當場大小便失禁。

五十三歲：女眞部落努爾哈赤建立後金。

五十五歲：後金努爾哈赤以「七大恨」告天下，正式宣佈與大明爲敵。

五十六歲：薩爾滸戰役爆發，大明四路人馬，號稱四十七萬人，進剿後金，爲努爾哈赤一一擊破，明軍被斬首者四萬五千人。從此，大明帝國由輝煌走向沒落，由攻勢轉爲守勢。

五十八歲：卒。

第2章

江山代有才人出

走在路上的百姓，忽然見到國家第二號領導人，騎著驢子大哭而行，旁邊還有殺氣騰騰的錦衣衛，全都嚇壞了，以為發生了天塌地陷的可怕事件。

看看朱翊鈞這廝，看看這廝，他眞的是掃把星啊！好端端的大明帝國，就因爲攤上了他，馬上就要散板完蛋。這份個人簡歷清楚地告訴了所有人，他生下來，就是爲了摧毀整個帝國。他所做的每一樁事，無不精準地踩在帝國的命門上，想不死也難。

確實，他的行爲超出了正常人的理解範圍。長達二十六年的大罷工，讓整個國家陷入癱瘓。重病之前明明已經懺悔，病好之後卻又故態萌發，鐵下一顆心來要跟大明帝國過不去。若非潛藏於基因之中的毀滅衝動與怨毒，你根本無法解釋他的反常行爲。

不過，史書上也不諱言，一開始，朱翊鈞並非這副掃帚星模樣。在他的少年時期，至少還表現得像個一般皇帝，並促成了張居正變法。對此，我們究竟應該怎麼看？

我們還記得，穆宗朱載垕死時，內閣首輔高拱大放嚎啕，「我靠，陛下，你怎麼說走就走呢？你走了，留下一個才剛剛十歲的小兔崽子，這可怎麼治理國家啊？」嚎啕的確是要大放的，但不厚道地猜測，此時高拱心裡，應該正心花怒放。

為啥要心花怒放？

因為小皇帝才十歲，屁事也不懂，而且幼年又有嚴重的心理創傷。如果能把這孩子控制在手中，豈不是要風得風，要雨得雨了？哈哈哈哈哈！

正竊喜之際，忽有太監來到內閣傳旨，「聖上有旨，大太監馮保富有智慧，思想深邃，識見廣明，決策果斷。茲任命馮保與內閣大臣共同處理國家政務，欽此！」

「欽個頭！」高拱一聽就火大了，明擺著，這又是後宮的小太監假傳聖旨，想擠進朝臣隊伍裡撈油水。

憤懣之下，高拱忍不住斜眼看過去，冷笑道：「少他媽的胡說八道！小皇帝才你娘的十歲，他懂的啥叫聖旨嗎？你們這夥沒卵子的太監，再要敢胡攪，信不信老子把你上面也閹了？」

小太監眨巴著眼睛，沒敢吭聲，趕緊退回去。

把來人臭罵了一頓，他心裡說不出來的爽快，就對坐在對面辦公桌後頭的張居正道：「小張，你好好聽話，聽我的話，這大明王朝以後就咱們倆說了算。不聽話，那麼，這大明王朝就我一個人說了算。你想要哪一個？」

「聽話，我聽話。」滿臉花白鬍子的張居正點頭哈腰，「我還缺乏經驗，還要跟在領導身邊多多學習。」

「小張，你也別太謙虛了。其實，你的能力是足夠了，只是經驗上稍微欠缺了那麼一點點。」

正說著，又有內侍出來，大聲喊道：「朝官聽令，立即前往會極門，傳旨宣詔。」

高拱好不鬱悶，邊走邊道：「啥事啊這是？傳旨哪有這麼個傳法的？應該是我口述，你記錄，咱們兩個擬定聖旨，叫後宮蓋了章，下發給各級領導幹部學習就是了。怎麼還要去會極門呢？」

「興許……或者……有可能……領導你說，對不對？」

「有道理……不對！你啥玩意兒也沒說啊，滿嘴淨是虛詞！」

說話間，已經來到會極門前，就見朝中官員數百人，黑壓壓的都聚集在那裡了。兩人擠啊擠地來到最前面，宮門同時一開，一個神氣活現的太監走了出來，不是別人，正是宮廷秉筆太監馮保。

馮保的小眼睛凌厲地閃著寒光，掠過高拱的臉，猛然尖喝：「跪下接旨！」

轟！數百名官員齊齊跪下，高拱也忙不迭地跪下，心裡頓生不祥之感。果不其然，只聽那非男非女的尖利嗓音宣佈道：「聖上有旨，現命高拱回原籍閑住，即刻啓程，不許停留。爾等大臣受國家厚恩，如何竟阿附權臣，蔑視幼主？從今以後要洗心革面，如蹈往轍，典刑處之。」

高拱目瞪口呆，早有兩排錦衣衛擁上，不由分說，架起人來就走。他這才醒過神來，一面拚命地掙扎，一面扭頭對張居正喊道：「小張，還說你娘的經驗不足，你早就青出於藍而勝於藍了！罷了，讓我把當年被我趕走的恩師徐階的一句話送給你：瞧你那無恥的模樣，眞有乃師當年的神韻……」

張居正訕訕地摸了摸臉，「老領導，你眞會開玩笑。」

正所謂：金風未動蟬先覺，暗送無常死不知。張居正和宮內太監馮保是鐵哥們兒，二人早就琢磨好了，找個茬子趕走高拱，此後一邊居外，一邊居內，乘小皇帝才十歲屁也不懂的時候，趕緊過把癮。

這一次他們的謀劃，端的毒辣。

高拱突如其來被趕走，要求即刻離京，不得有片刻停留。那就眞得馬上出京，連家都不許回的，當下只能大哭著出宮門，逮住一匹路過的叫驢，一把拉住，花銀子租下來，騎上驢背，匆匆向城外走。兩面是殺氣騰騰的錦衣衛，若敢稍留片刻，一刀砍下，讓你再也無頭可回。

走在路上的百姓，忽然見到國家第二號領導人，騎著驢子大哭而行，旁邊還有殺氣騰騰的錦衣衛，全都嚇壞了，以爲發生了天塌地陷的可怕事件。有膽小的立馬收拾金銀細軟，出城跑路，至於爲何要跑，這事暫且顧不上想……國家第二號領導人都這個樣子了，不跑還等啥？

北京城中，一片大亂。

察覺情形的朝官們湊成一堆，議論起來，「張居正夠狠，還眞看不出來他啊！正所謂大英雄黑手段，厚臉皮狠心腸，硬是要得……」

閒言碎語全傳入張居正的耳朵裡，讓他說不出來的彆扭，只好再悄悄找馮保商量，別讓高拱走得那麼丟人，算啦！就給他找輛車吧，反正是注定一去不復返嘍！

第3章

那些提倡變法的人們

秦國的獨裁者對於商鞅的貢獻，打從心眼裡感激。如何一個感謝法呢？弄五輛馬車來，一輛拉頭，兩輛拉胳膊，兩輛拉腿，向著五個不同的方向開跑。

從此，張居正獨霸朝廷，乾綱獨斷。

要實現自己的政治理想，爲皇帝做點實事，那就必須牢牢地把握權力，鬆一點都不成。於是他親自出任小皇帝的老師，教導小皇帝讀書，一邊狂搞經濟改革，大弄「一條鞭法」，將所有的農業稅賦打包，統稱農業稅。

這一手可缺了大德，只想到在自己這裡減輕農民負擔，卻不想想你這邊把農業稅精減了，數千種稅費併爲一個稱呼，後果便是隔不幾天之後，跑出一群傢伙來，「嗯，農民的稅賦太少了，怎麼才一項呢？再加上八八八八項吧！高額賦稅是低收入者的光榮嘛！」

對於張居正的改革，至少有幾千本書在討論，衆口一詞說好好好，減輕農民負擔，這還不好？然而所有的評論，都有意無意地迴避了改革的非制度性，以及他蹬腿之後引發的帝國崩壞。避開最終的惡果，結論當然是好好好，可實事求是地講，張居正當爲大明毀滅之功臣，原因就在於他的改革太好了，好到只要上前輕鬆踹一腳，整個帝國就能直接滅亡。

要想客觀評價張居正的改革，首先得追本溯源，歷說中國改革家對歷史的影響。單只在這個領域裡，歷史上有四個人，鼎鼎大名，大名鼎鼎。

頭一個，叫商鞅。

商鞅時代的中國，還不存在著皇家權力這可怕的怪物。那時的國君權力也很大，但都受到臣屬的制約。大臣們擁有封建領地，擁有私人武裝，還擁有著在自家勢力範圍的立法及司法權力。總而言之，這之前，中國處於標準正宗的封建時代。封建者，封邦建國是也——比如說周天子取得天下，就要大封諸侯，一個諸侯就是一個國家，擁有合法的國家政權結構及組織。

這樣的社會中，權力架構形成了天然的制衡，一國之內，不是你國君想幹什麼就幹什麼的，必須要拉選票，爭取大多數臣屬的支持。反之，缺乏臣屬的支持，國君的號令就如同槌子，沒人想理。

商鞅以前，秦國還不是專制集權國家，是個權力體系比較鬆散的封建邦國。秦國國君超討厭相互制約的權力架構，於是向廣大知識份子發出熱烈的號召：誰能夠幫我實現權力的獨裁，讓我想殺誰就殺誰，想玩多少女人就玩多少女人？誰願意幫我這個小忙？

理論上來說，應該沒人樂意幹這缺德事。幫助一個野心家實現獨裁的慾望，讓他蹂躪天下民眾，你本人卻得不到絲毫的好處。典型的損人不利己，怎麼可能有人肯幹？

然而，這種人硬是有。商鞅，他突兀地跳出歷史，從此成爲世人的關注焦點，讓後世對他的智力，產生永恆的困惑。這人的智商，究竟是高還是低？

說他低，絕對是錯誤的評判。要知道，爲了幫助秦國打造完美的獨裁體制，他絞盡了腦汁，想出無數的辦法。

首先，摧毀民衆的自由移居權力。這之前，人民有權力自由移動，但從他而後，權力被取消，推行郡縣制，所有人都得按照軍營的結構，分排成列地住在一起，而且十戶人家，只允許擁有一柄菜刀——過去，百姓同樣有權擁有武器。武器，既可用來保護自身，更可用來反抗暴政，但因著商鞅的成功廢除，皇家勢力從此一頭獨大，人民淪爲魚肉，由任官府肆意宰割，沒有絲毫的抵抗能耐。連武器都沒得有，抵抗個屁？

對於商鞅的惡搞，大批的自由知識份子堅決表示不同意。他也有辦法，把這些人統統抓起來殺掉。極權體制，需要的是又傻又蠢的百姓，而知識份子恰可以啓蒙民衆，所以是權力天然的死敵。殺掉！統統殺掉！

《資治通鑑》上說，商鞅特別仇恨反對他變法的自由知識份子，殺這些人的時候，甚至不辭辛苦地親自操刀，殺得河水血紅，屍體堵塞了河道。知識份子都是有智慧、有思想的。一個人殺光秦國所有的知識份子，你敢說他的智商不高？

知識份子終於殺光光，秦國成功地實現了獨裁……且慢，好像還有一個知識份子給漏下了。誰？

還能有誰？商鞅本人呀！

史書上說，商鞅殺光知識份子之後，秦國獨裁權力出現，專政之刀首先奔著他砍過來。這老兄仰天長嘯：「知識份子們呢？面對如此不公道、不公正的事情，難道不是你們站出來的時候？」

不好意思，死人是沒辦法站出來的。

於是商鞅星夜逃亡，怎奈他已經成功將秦國改造成了特大號的監獄，饒是他長了八條腿，也是逃不出去。沒過多久，果然被火眼金睛的人民群眾發現，當場扭送司法機關。

秦國的獨裁者正在享受著極權的快感，對於商鞅的貢獻，肯定打從心眼裡感激。如何一個感謝法呢？弄五輛馬車來，一輛拉頭，兩輛拉胳膊，兩輛拉腿，五輛車向著五個不同的方向開跑。崩的一聲，獨裁帝國的總工程師，就這樣四分五裂。

商鞅被車裂，留下一個膾炙人口的成語：作法自斃——一個缺心眼的人，幫助邪惡的統治者打造權力的鐵籠，最終，在葬送所有民眾福祉的前提下，也葬送了自己的性命。

按說，有作法自斃的成語放在面前，有商鞅的下場警醒著世人，以後再也不會有人像他這樣犯蠢了吧？

沒那好事！人類的天性，偏偏就有一種犯蠢的細胞，越是於民無益，於己無利的事情，越是來情緒。到了西漢景帝年間，又冒出一個叫晁錯的怪人，忙不迭地跳入歷史之中，步商鞅之後塵，重演人性愚蠢之極致。

話說西漢帝國，乃漢高祖劉邦所創建，吸取了暴秦一頭獨大、權力沒有制約的經驗教訓，有限度地恢復了封邦建國制度，也就是在大漢帝國一頭獨大的情形下，還保留一些擁有獨立行政權力的劉氏小邦國。它們都是劉氏一脈，權力極有限，對中央帝國構不成實質性的威脅。

儘管如此，當時的漢景帝還是感覺到極度的不爽，大聲疾呼：「要獨裁，要沒有任何制約的權力，要向商鞅學習！你們這些讀書人，誰來幫我建立獨裁體制？」

一聽這個要求，群臣都忙不迭地躲了，只有那個叫晁錯的傢伙，猛一下跳出來，拍著胸脯大叫：「陛下，我當是什麼大不了的事兒呢，不就是個獨裁嗎？小意思，你看我來幫你擺平。」

接下來，他開始了「削藩」，意思就是取消由劉邦建立的諸小邦國的行政、立法司法及軍事權力。眾邦國怒不可竭，破口大罵。

這事被晁錯的父親聽到了，老頭顫悠悠地拄著拐杖來找兒子，問：「小錯子，我說你腦子是不是有毛病？劉氏一家人的事情，你跟著瞎摻和什麼？讓人家罵你八輩子祖宗？」

晁錯說：「爹，你老糊塗了，不懂的事別跟著瞎說。我這是幫助皇上建立獨裁體制，你想想，一個擁有獨裁權力的皇帝，多威風啊！」

老爹氣得破口大罵：「我怎麼生下你這麼缺心眼的兒子？寧肯讓全家被殺光宰盡，只為了幫別人建立獨裁體制，你你你……算了，我先服毒好了，免得以後跟你一樣，讓人家喀嚓一刀……」言訖，仰藥自盡。

見老頭服毒，晁錯好不悻悻然，「你說你這老頭，我不過就是幫皇帝建立沒有約束的獨裁政權，你跑來服什麼毒呢？」

正在鬱悶之際，忽然宮中來人，說是景帝請他過去，商量商量加強獨裁的事兒。他興沖沖地出了門，行至半路，卻見馬車掉頭，直奔刑場去了，當下很是詫異，忍不住問道：「我們去刑場幹什麼？」

車夫回答：「老晁，你不至於這麼缺心眼吧？上刑場，當然是要宰了你。」

「為啥要宰我？」

「你不是在幫皇上打造極權嗎？極權是幹什麼的？就是想殺誰就殺誰，想宰誰就宰誰。現在皇帝就是想宰你，難道你敢有意見？」

「我……我沒說有意見。」

「沒意見正好，看好了，這是刀……」

一刀落下，喀嚓！晁錯被腰斬。

秦國的商鞅、西漢的晁錯，這兩個幫助帝王實現獨裁權力的怪人，從此成為歷史的警示燈。任何人走到他們跟前，心裡都會咯噔一聲。此後很長一段時期，晁錯後面的人選始終空缺，直到北宋年間王安石橫空出世，才算勉強地將這段歷史的空白填上。

不過，王安石和缺心眼的商鞅、晁錯，有著相當明顯的區別。後兩人致力於實現權力的絕對集中和壟斷，算是政治改革家，王安石的改革卻集中於經濟領域，應該算作經濟改革家。

王安石的經濟改革，曾經遭受名臣司馬光、蘇東坡等人的嚴厲抨擊，指責他與民爭利。何以受到如此指責？這是因爲，他的變法，剛好選在北宋出現經濟危機時推出。

那時，北宋的財政赤字嚴重，全部的稅賦收上來，還不夠給國家公務員發工資。於是王安石建議說：「要不咱們改革吧！改革，嗯，這麼著個改法，國家弄點糧食，貸給老百姓，讓他們去種地。等到秋收的時候，國家收回本貸，再讓這些人支付百分之二十的利息。你們看看，這樣行不行？」

這個搞法，在歷史上有個名堂，叫「青苗法」。

那麼，所謂的青苗法，到底好不好、管不管用？

客觀評價起來，這個法子眞是太好、太管用了，時至今日，歐美許多大牌國家還在偷偷地抄襲，卻死活沒付過一分錢的專利。然而有一點必須注意：王安石的法子，誰都可以用，百用百靈，獨獨中國人用不得。尤其是北宋年間，更加不能用，否則鐵定壞事。

爲啥？

極權態勢下的中國，是一個標準的權力社會，而非西方那樣的經濟社會。權力本身就意味著不平等——如果平等，權力就失效了。經濟社會卻是平等的，契約式的。說得更清楚一些：經濟變革得匡建於平等基礎之上，這種法則在經濟社會裡通行無阻，可一旦落入權力社會，就好比鳥兒跌進了海中，魚兒沖上了沙灘，再也沒咒可念。

王安石的經濟政策，在西方社會裡運用，肯定是契約式的、平等式的，制定政策的政府與民衆是平等的，必須依據法律行事。政府若敢亂來，老百姓會讓你滾下台。可在權力社會裡運用，任何經濟政策都能夠變成官府巧取豪奪的藉口，因爲官府可以隨時改變遊戲規則，怎麼高興就怎麼來。人民呼天搶地，壓根無處可說理。

所以啦，王安石的經濟政策，在西方國家中運用，越用越靈光。放在北宋時代，卻只見曠野中一望無際的，盡是走投無路的百姓懸死於樹上的屍體，數之不盡。

你明白了嗎？儘管改革怎麼說怎麼正確，怎麼聽怎麼有道理，無奈就是與現實狀況不相符，沒辦法實踐——一言以蔽之，失敗。

王安石變法失敗，朝廷追究責任，把他流放出京城。出京後他向前趕路，看看天黑，就找了家客棧住下來。

這家客棧的老闆是個胖女人，家裡還養著一口豬。王安石住下沒多久，就見她拎出一桶餿水，走到了豬圈前，大聲叫道：「王安石，王安石，吃飯了！」話音未落，豬隻已發出歡天喜地的叫聲，狂奔過來，噗嚕噗嚕地喝餿水。

大豬公的名字，居然叫王安石。正牌王安石在一邊看著，心裡那個氣啊，心說這位胖大嫂，我們遠日無冤，近日無仇，妳犯得著這麼糟蹋我，把一頭豬取我的名字嗎？強忍著氣，問道：「大嫂，妳家的豬，爲何叫如此奇怪的名字？」

就聽胖大嫂笑道：「你覺得這個名字奇怪，我卻以爲正合適。當朝的那個王安石，他其實比我家的豬還要笨。我家的豬再笨，最多不過是吃得肥肥的再挨一刀，這也就笨到頭了。可王安石呢？他放著好端端的日子不過，起五更，睡半夜，把自己累得人不人，鬼不鬼，就爲了幫助皇帝一家肥吃海塞，逼死多少善良無辜的百姓？如今人家吃飽了，他落得個什麼下場？還不是跟我家的豬一樣，噗哧就是一刀？喂！你說說看，那王安石，難道不比我家的豬更要笨？」

史書上說，聽完這番話，王安石呆愣當場，一言不發。靜默中，他的鬍子、頭髮，瞬間由烏黑轉雪白。直至人家卸磨殺驢了，才知曉爲人作嫁衣裳的枉然。

都明白替權力賣命，是最蠢不過的事情，從此後，歷史又是好長時間的空白，不見改革家跑來添亂。轉眼到了大明萬曆年間，張居正猛地衝出歷史，把自己定格在模糊不清的時代之中……

第4章

人格分裂，從小開始

下課了，朱翊鈞恭送張居正老師出門，「老師您慢走。」送罷轉過身來，手中已經多了一柄鋒利的寶劍，雪亮的劍刃，直指一名小宮女。

商鞅、晁錯、王安石及張居正四人組成的改革委員會中，論名頭，王安石最大；論影響力，商鞅最大；論悲情，晁錯以他的愚蠢獨佔鰲頭。無論怎麼個排名，張居正都只能落在最後，無緣進入三甲。

雖在改革委員會中的地位不高，影響力不夠，但張居正其人的措施，卻是兼容並蓄，統爲我用。簡單說來，他的改革，承襲了商鞅的精神、晁錯的思想，以及王安石的措施——一句話，他老兄一個人，把商鞅、晁錯和王安石老哥仨的工作，全做光了。

都做了些什麼呢？

眞要回答，也不過是商鞅、晁錯、王安石的效果，就是進一步強化皇家獨裁權力，再把老百姓碗裡的食物，統統倒進皇帝老倌的盤子裡。表面上說是減輕農民負擔，實行費改稅，可最終的結果，無非是讓人民掏更多的錢。

別懷疑，眞是這樣簡單。

那麼，話又說回來了，商鞅也好，晁錯也罷，王安石也好，張居正也罷，這些人爲何要不惜身家性命，只爲了讓皇帝一家活得滋潤，不擇手段地剝奪百姓的利益？

原因說出來很是乏味，只是因爲他們懂這個，而且能夠把這些事做成。這就好比一個具有歌唱天賦的人，不管是蹲在洗手間裡的馬桶上，還是躺在醫院的手術台上，喉嚨都要發癢，非得哼哼幾聲，否則不痛快。

張居正他們正是這類人，知道如何盤剝老百姓，讓人愁苦得哭天搶天，恨不能一頭撞死。所以按捺不住，要想方設法地大展身手，看看最後的結果，是不是跟自己想得一樣有趣。

有趣！的確有趣！

爲了改革，張居正眞是發了狠心，刻意將自己扮成嚴厲的父親形象。小皇帝讀書時，但凡讀錯一個字，都要遭到毫不留情的修理。他的目的，就在強化自身的權威，深化自己能夠造成的影響。

可惜，他只顧玩得高興，全然忽略了人家心裡的憂傷。

史官不懂心理學，拿個小本瞎記一氣，閉著眼睛硬說小皇帝對張居正的教導非常感激，還親賜手書，上面寫著：精忠大勳，言則不盡，官不能酬。

意思是說：張老師，你的功勞太大太大了，你的教育責任心太強太強了，不管給個啥官，都對不住你的辛勞付出——乾脆你來當皇帝得了！如此明確的言外之意，史家硬是看不出來，眞乃怪事一樁。

要知道，小皇帝朱翊鈞的童年，在裕王府裡頭，是作爲一個死孩子餵養著的。他的父親朱載垕，每天生活在滅頂之災下，提心吊膽地等待著嘉靖皇帝丹藥吃到神經錯亂，一聲令下將他們全家都掐死。

可以想像，朱翊鈞的生活環境充滿了怨毒與恐懼，絕望和仇恨如同灌了鉛的毒汁，將他幼小的心靈浸得透徹。四歲的時候，第一次人格形成，居然連個名字都沒有。因此，他注定了是一個孤魂野鬼，活一輩子，始終無法弄清楚自己是誰。

孩童四歲時形成的人格，將成爲自身與整個世界的分隔線，從此深刻地認識到我是一個獨立的生命個體，並產生強烈的自我意識。朱翊鈞的情形卻不然，他的自我必定要因應年齡而產生，卻無法確定自己究竟是什麼。裹脅在人格之內的全部因素，只有恐懼與仇恨。

而今，朱翊鈞恭敬地坐在書案前，眨巴著天眞無邪的眼睛，全神貫注地傾聽張居正的瞎掰。這是什麼？這只是他在苦難生活狀態下形成的條件反射。如果不能強迫自己表現得乖順，他早就被爺爺嘉靖活活弄死了，根本活不到今天。

他活下來了，並且還想繼續活下去，這就是表現得溫順乖巧的唯一原因。

心理學說，如果一個人，打小承受著過分強大的壓力，人性的本能會讓他選擇逃避，逃避到另一個人格中去。也就是說，可憐的朱翊鈞，經過張居正一番科學規範的調教，人格終於分裂。

朱翊鈞的靈魂一分爲二，在張居正面前，他是異常聰明，對經史子集有著獨特見解的少年思想家。一天聽課聽到一半，居然深有感觸地說：「國家之寶，就是賢士能臣。至於金玉什麼的，對國家有什麼用處？」

張居正聞言，當下感動得落下了眼淚，「孩子啊，你能明白這道理，我就放心了。」

下課了，朱翊鈞恭送張老師出門，「老師您慢走。」送罷轉過身來，手中已經多了一柄鋒利的寶劍，雪亮的劍刃，直指一名小宮女，「過來過來，給老子把衣服脫了。」

小宮女嚇得呆了，「陛下，你要幹啥？」

朱翊鈞把眼睛一瞪，「老子想幹啥就幹啥，妳管得著？」不由分說，當頭一劍劈下。

史書上記載，那小宮女也不是吃素的，應變神速，立即施展凌波微步，哧溜一聲逃得遠遠。朱翊鈞咬碎鋼牙，圓瞪怪眼，在後面窮追不捨。

追不多時，一群宮女蜂擁而上，七手八腳地把他架了起來，七嘴八舌地勸解：「小陛下，你個小王八蛋，幹嘛要生這麼大的氣？她小丫頭不懂事，該罰，就罰她……把頭髮割下來賠你好了，行不行？」

他人單勢孤，打不過這麼多的大媽大姐，只能憤懣地做出讓步，沒有要小宮女的腦袋，暫且割髮代首充數。

小皇帝人格分裂，老教師心靈受傷。此事發生之後，太后李氏很生氣，後果很嚴重，要求帝師張居正立刻寫檢討報告，跪在地上反省自己的錯誤。

張居正檢討報告寫了，跪也跪了，錯誤也反省了，就是站起來後有些迷糊：小皇帝腦子有毛病，關老子屁事啊？居然讓老子做檢討！

算了！不跟這群怪人生氣了，抓緊時間繼續改革。

第 5 章

閉鎖於黑暗

朱翊鈞的自我人格被閉鎖在一個黑暗而壓抑的小空間中，停留在比死亡更為可怕的危險隨時會降臨的年代裡。終其一生，他都無法走出來。

張居正之所以能夠大刀闊斧，推進一系列旨在加速毀滅帝國的改革措施，得益於大太監馮保的鼎力支持。

儘管私下裡，兩人好到了合穿一條褲子的程度，但為了避人耳目，防範言官們的攻擊，表面上總得保持一定的距離，必要時還要作態相互攻擊一番。瞧！馮保批評張居正來了，什麼用奇技淫巧引誘小皇帝……這攻擊明顯在暗示小皇帝朱翊鈞有相當不可告人的興趣愛好。至於那一頭，張居正嚴厲批評馮保對家人管理不嚴，居然於鬧市中橫行不法，恣意殺人。這肯定是不妥當的，以後絕對不能夠再這樣搞。

總之，他們默契地配合了十個年頭，直到有一天，張居正病倒為止。

他的病，一半是累的，另一半是嚇出來的。

累，那是因為天底下之事，最難的莫過於改革。夫改革者，利益調整是也，說明白了就是砸人的飯碗。把你碗裡的肉，挾到別人的碗裡去，這你能樂意？所以過程中，經常有人嫌占到的便宜太少，或者說己方的損失太慘烈，方方面面，找不到一個滿意的，滿耳根子聽到的都是怒罵。

張居正推行改革，意味著他每天要面對形形色色的怒罵。別人罵他，那是性情中人，他非但挨罵了不能還嘴，甚至連臉上的微笑都不能有絲毫扭曲。你想，這該多累人？

嚇，也不難理解。改革就意味著砸掉一部分人的飯碗。哪怕是三歲的孩子，你敢摸他手中的燒餅一下，他都要呼天搶地找爹媽來，更何況你明目張膽地砸別人的吃飯傢伙？結下來的仇家，可謂是車載斗量，數不勝數。這麼多人，只要有一個發了狠，你就得吃不了兜著走。

此外，張居正爲了推進改革，免不得要架空小皇帝，使出諸多手段。人家現在不敢吭聲，可遲早有一天，他會要你好看。如此多的顧慮，就像一座大山，終於將張居正壓垮。一五八二年的某一天，他在憂懼中死去。

張居正死去之初，朱翊鈞還有點不太適應。這孩子已經徹底習慣了被壓制，被威脅，被恐嚇，如何面對安全的環境？這門學問他一直沒機會學，更缺乏足夠的評判權力的能力。

幸好，經過短時間的磨合，小東西很快醒過神來，他發現，自己自由了！

不，不是完全的自由，大太監馮保還在，這是阻在人生面前的最後敵人。張居正、馮保，此前，他無法對抗他們之中的任何一個，但是現在，他揣摩自己的實力，拿下後者不成問題。更何況，馮保本來就面臨著相當多的敵人——所有被張居正壓制的力量，最終都將反彈並宣洩到那廝頭上。

猜猜，聖明天子朱翊鈞要如何玩弄這個倒楣太監？

小皇帝將一柄扇子藏了起來，滿臉苦相地道：「保保，我的扇子不知哪裡去了，你幫我找找。」馮保嚴肅領命，立即去找，這裡掏掏，那裡搗搗，弄得滿手滿臉都是灰。小皇帝則和一夥小太監們躲在後面偷偷地樂，開心啊！典型的孩子遊戲。

然後是更好玩的。見馮保穿了件大紅衣服，小皇帝故意叫他過來，「保保過來過來，讓我看看你的衣服。」說話的工夫，故意把手中的糖抹過去。

這也是非常典型的孩子氣表現，典型到了不能再典型的程度。手段本身都不可怕，可怕的是，朱翊鈞玩這個遊戲的時候，已經十九歲了。

分明是個青年，卻剛剛開始他的幼齡惡作劇。發現了嗎？他居然始終未能長大，和前幾代先祖一樣，自我人格被閉鎖在黑暗而壓抑的小空間中。那是他父親朱載垕惶惶不可終日的年代，是比死亡更爲可怕的危險隨時會降臨的年代，終其一生，朱翊鈞都停留其中，無法走出來。

不僅如此，他還要把曾經光輝雄偉的大明帝國，一起拖下來陪葬。

第 6 章

缺乏感覺的人生

小宮女有了身孕，太后大喜，皇家有了後嗣，這是大好的消息啊！就把兒子叫過來問。不想朱翊鈞態度嚴肅，滿臉真誠，斷然地把腦袋一搖，不承認！

張居正死的當年，宮內小太監進讒言，言稱馮保專橫多年，家財無數，明神宗抄其家，果然得到數之不盡的寶物。

已經二十歲，心智模式卻依然定位於四歲的朱翊鈞大喜，從此就迷上了抄家。

下一個抄誰呢？

當然是張居正，毫無疑問。張居正的獨斷專權，早已讓他成爲衆矢之的，每個人都在心裡怨念不已，恨不能將他從墳墓之中拖出來挫骨揚灰，以洩其憤。

朝廷的抄家令未到，張居正老家的知府和知縣，已經搶先一步將張家全部封起來，不給飲食，也不許走動。待朝廷大員趕到，打開門，就見嘰哩咕嚕，數十具活生生餓死的屍體滾出來。沒關係，裡邊不還是有活的嗎？刑訊人員使出終極手段，將全部活人以黑巾包頭，先拿大棍子砸碎骨頭，再逼問家裡的浮財何在。由於刑訊手段過激，張居正的大兒子張敬修忍受不了，懸樑自盡。三子張懋修撲通一聲投了井，撈出來又是一頓狠打，打得這孩子連自殺都不敢。

說起來，這些地方官員，過去都受過張居正無數恩惠。正所謂大恩成仇，又有個說法叫親不親，路線分，誰讓你失勢了呢？這時候不用用酷毒的手段對待，豈不是讓人說自己和你同爲一黨？

朝官們一個個殺氣騰騰，拚命表現自己的忠心，卻不知道這其實是毫無意義的。他們面對的是缺乏認知能力的嬰幼兒，朱翊鈞唯一的知覺與感受，只有自身的喜惡，此外皆是無感。不誇張，他眞的對任何事情都欠缺感覺。

也在張居正死的當年，朱翊鈞在宮裡閒逛，恰好遇到了一個姓王的小宮女，於是大喝一聲，「不許動，舉起手來！」趁人家嚇得呆了，舉手不敢亂動的工夫，趕緊衝過去，噼哩啪嚓，三下五除二就把她給幸御了。

未及多久，小宮女有了身孕，向太后報告。太后大喜，皇家有了後嗣，這是大好的消息啊！就把兒子叫過來問。卻不曾想，朱翊鈞態度嚴肅，滿臉眞誠，斷然地把腦袋一搖，不承認曾有過這麼一樁事體。

偌大的皇宮之中，就他一個男仔，如今小宮女的肚子大了，除了他，豈會有第二種可能？

史家只記載了朱翊鈞的搖頭頻率與週期，忽略了這個動作所隱含的更深層次心理。一個哪怕是稍微成熟一點的人，只要知道自己是皇帝，知道自己盡可以爲所欲爲，他就沒必要否認這事。朱翊鈞之所以否認，是因缺乏對事情評判分析的能力，絲毫不清楚這件事意味著什麼。不明白前因，不明白後果，只知道不管發生什麼，受到責罵的總是自己，所以掩耳盜鈴地否認。

最可怕的是，他壓根不知道否認是無益的，解決不了任何問題。簡單的搖頭動作，一則顯示了他不具備對於整個世界的最基本認知，二來，他的責任能力明顯有極大的缺失。總之一句話，朱翊鈞雖然是個二十多歲的年輕人，但他的思維方式，還有他的見識，貞與四歲孩子無異。

所以當時，他只是搖頭，堅決不承認小宮女的肚子跟自己有關係。最後迫得太后無奈，拿出來一本《萬曆內起居注》，由太監記載的皇帝性生活日記，上面寫得明明白白，某年某月某日，朱翊鈞搞了姓王的小宮女，諸如此類。證據確鑿之下，這才無話可說，點頭承認。

正是這件事，注定了小宮女王氏及兒子朱常洛的不幸命運。爲何不幸？因爲以朱翊鈞的智力，無法理解王氏的肚皮與自己之間的邏輯關係，更無法理解兒子朱常洛與自己的關係，唯獨一樁事情銘記在心：這個女人，曾經當衆讓我難堪。

這就夠了！

第 7 章

對付壞孩子，哄就對了

所有人都把朱翊鈞當成成年人，只有鄭貴妃明白，這個成年人的體內，躲著一個滿懷詭詐之心的壞孩子。對付腦子有問題的壞孩子，哄就對了。

對於朱翊鈞的智力水準，宮裡宮外，只有一個人看得清清楚楚。

她是鄭貴妃。

鄭貴妃，北京大興人，入宮成爲朱翊鈞的妃子。我們不清楚她是如何探索到了朱翊鈞的思維特點，但從理論上說，能洞察孩子思維的人，其思維應該相當成熟。也就是說，鄭貴妃的智力，比起宮中諸人都高了那麼一點點。她很快就發現了，皇帝的責任意識淡漠，思維遲鈍，看待事情缺乏邏輯與條理，完全就是個驕縱任性的壞孩子。

所有人都把朱翊鈞當成成年人，只有鄭貴妃明白，這個成年人的體內，躲著一個滿懷詭詐之心的壞孩子。

對付腦子有問題的壞孩子，沒啥更好的法子，哄就對了。

於是，鄭貴妃以聲色犬馬來誘惑朱翊鈞。沒辦法，這廝的智力，只玩得了本能性的玩意兒，高於本能之上的智力活動，他還眞的搞不來。一連串的弱智遊戲，果眞哄得他欣喜若狂。

遊戲玩著玩著，那倒楣的小宮女王氏，被關進了冰冷的宮獄，鄭貴妃這邊則是迅速生下一個兒子。然後她吩咐道：「立咱的孩子爲太子，快點！」

朱翊鈞興奮地行動起來，但行動很快受挫。朝中後宮一片大譁，從滿臉褶子的太后老太太，到花白鬍子的御史老爺爺，衆口一詞，都在質問：「你的大兒子朱常洛，現在還什麼也不是呢！沒有封王，也沒有被立爲太子，天天傻傻地在門口站著，母親又被關押起來，貨眞假實的有爹生沒媽養啊！老大的歷史問題還沒有解決，剛剛出生的老三你著什麼急？」

朱翊鈞眨眨眼睛，回去問：「他們不同意，咋整？」

鄭貴妃笑道：「這有什麼爲難的？你出去告訴他們，生下朱常洛的那個娘們兒，是個沒有身分的宮女，是她當時欺騙了你。」

於是他再出來，對衆人說：「我被人欺騙了，朱常洛他媽，是個宮女。」

此言一出，險些把他的親媽活活氣死。老太太當眞火大了，手指兒子，厲聲吼道：「日你娘親，竟敢罵你媽！我怎麼生出來你這麼個孽種！」

朱翊鈞被這架勢嚇壞了，匆匆逃回鄭貴妃的臥房，「怎麼了？外邊那老太太爲啥冒這麼大氣？」

她琢磨了好半晌，忽然醒悟，「我靠！想起來了，那老太太是你老媽，她跟姓王的小宮女一樣，過去也是個被老闆強暴的女服務員。糟糕！眼下這事有點不好辦了……」

事情確實不大好辦，朱常洛，神宗皇帝朱翊鈞的大兒子，雖然出生的環境一樣的險惡，但比之於父親，腦子要正常多。這個孩子的心智與人格，也比他的親爹要稍微正常那麼一點點。

在太后及大臣們支持下，他勇敢地站出來挑戰他親爹！「爹，我要看看我媽。」

「外邊那小孩是誰？他爲啥跟我說要看他媽？」朱翊鈞眞是一頭霧水。

鄭貴妃探頭向外一看，知道事情更麻煩了，只得說：「你別管他是誰了，他愛幹什麼，就讓他去幹吧！等我來想個法子，遲早幹掉這小王八蛋。」

史載，朱常洛三十歲的那一年，終於爭取到探望生母的機會。走入冷宮，發現大門上的鎖頭已經銹死，鑰匙也早已丟失，只得用力一腳踹開門。再往裡走，看到蜷縮在冰冷地板一角的一個老女人。

王氏一直沒有死，只因爲心裡還惦念著兒子，不看他最後一眼，眞是死不瞑目。可當兒子眞眞切切地走到面前，卻是什麼也看不到，惡劣的環境、悽慘的遭遇，已讓她的雙目失明。

撫摸著兒子強壯的身體，王氏大放悲聲，含恨死去。

第 8 章

罷工是皇帝的權力

神宗皇帝朱翊鈞不視朝，天天躲在鄭貴妃的裙子下面不出來。各地呈上來的報告在各部門堆積如小山，上面覆蓋厚厚的塵埃，下面是老鼠竄來竄去……

瞭解了朱翊鈞的心理，就能知道他爲何要舉行長達二十六年的大罷工。

所謂二十六年大罷工，是說朱翊鈞在任期間，整整二十六年未出深宮一步，不處理政務，不與朝臣見面。有的朝臣老了，不給辦理離退休手續。有的朝臣殺人了，放火了，拐走了同事的老婆，也沒有人處理。有的朝臣正辦著公，撲通一聲栽倒在地，死了，留下來的空缺位置，也不補充新的官員。還有的朝臣乾脆把老婆孩子帶到衙門來吃，來吃就來吃，啃光了衙門都沒人理會。

總之，就是國家陷入徹底癱瘓的意思。

史書上說，神宗皇帝朱翊鈞不視朝，不拜祖，不祭天，天天躲在鄭貴妃的裙子下面不出來。導致了兵部有十五年沒有尙書，等於國家沒有國防部長。禮部則是十九年沒有一把手，工部十六年無人管理。刑部的情況還算好，才剛剛六年沒有部長。總而言之吧，各地呈上來的報告，在各部門堆積如小山，上面覆蓋著厚厚的塵埃，下面則是打洞的老鼠竄來竄去。

一邊是朝官缺失，數量不足，另一方面則是大量的舉子滯留京師，每天都有書生活活餓死。爲什麼會餓死？因爲他們都按了老習慣，趕到北京城等待選官任命，來了之後，卻苦等無消息。這之中的絕大多數人捱不到二十六年，盤纏用盡，流落街頭，或是餓死，或成乞丐。那年月，討飯的嘴裡都念叨著子曰詩云。

書生紛紛餓死，餓死的卻不止書生而已。

萬曆二十九年，巡撫御史馬永清巡視邊關，到達紫荊關馬水堡附近，忽然嗅到一股惡臭，令人作嘔。他覺得這臭味有蹊蹺，循跡找去，到了前面不遠，見到一幅即使是鬼神也要落淚的淒慘場景。

兩個蓬頭垢面、瘦骨嶙峋的老兵，正光著身子，蹲在溝邊吃烤肉。而那烤肉是一具人屍，已經嚴重腐爛發臭，上面落滿了蒼蠅。

朱翊鈞的大罷工，導致整個國家的經濟運作停滯，不論是官員還是軍人，工資統統停發二十六年，更沒有人替前線將士運輸糧草。守護關隘的士兵，若非活活餓死，就只能排隊等著分吃餓死的戰友的肉……

太淒慘了！不忍卒睹啊！

就在這種背景之下，爆發了薩爾滸戰役。後金努爾哈赤率七萬八旗兵，舉重若輕地擊潰大明四路人馬，從此大明帝國開始大踏步地下坡，再也沒有機會重新振作。

此前分析過，有一種仇恨深植於朱翊鈞的基因之中，這是對整個世界的仇恨，對外部社會的仇恨，源自於他父親朱載垕內心的絕望與恐懼。同樣是這種仇恨，分泌出一種可怕的毒液，侵蝕了他的大腦，讓他的智力從此停滯在四歲的孩童狀態，再也無法向前發展。

智力的停滯，不等於智商的絕對下降，而是表現在日常行爲中，使他無法邏輯性地思考問題。最明顯的例子，在於他沒辦法把自己的行爲與小宮女王氏那大了的肚皮聯繫在一起，也沒辦法理解朱常洛和自己的關係。別人強迫接受的所有事情，他總在表面上無奈地屈從，而內心堅決厭惡。

由此分析，長達二十六年不上朝，固然有著與群臣賭氣的因素在內，但最主要癥結在於，他無法理解上朝這件事本身的意義。

既然思維認知能力受邏輯缺失限制，自然難以理解發生在身邊的種種，對於一切事情的看待，也只有或喜歡或厭惡的兩分法。幼稚情緒擺在朝堂上是沒用的，處理國家政務，憑藉的不是個人好惡，是腦子。可想而知，朱翊鈞不能適應朝堂，討厭朝堂——厭惡那就不去了，反正也沒人管得了。

這就是他舉行二十六年大罷工的眞相，簡單三個字：不喜歡。

朝政陷入癱瘓，盜匪橫行天下。最凶的一次，有一支超過萬人的流民隊伍，人皆手持長棍，氣勢洶洶地直奔北京城而來。守城士兵嚇得急忙關門，撐了兩天，外邊的強盜因爲沒飯吃，不得不退去。

不過，退去的只是大股人馬，小型突擊隊早已潛入京師。一夥十幾個人的強盜幫夥，明火執杖地洗劫了北安門酒醋局，盡掠銀兩，呼嘯而去，無人敢於阻攔。

更離奇的是，神宗皇帝朱翊鈞從江南搜掠來的十餘車金銀珠寶，行至盧溝橋，忽聽一聲呼哨，無數江湖兄弟於路邊閃出，不由分說，牽了騾車就走。由於事後沒有哪個江湖組織願意站出來，聲稱對此事負責，此案始終未破。未破案的最根本原因，則在衙門根本就調不出能辦案的人。

日子一天天地過下去，終於有一天，神宗皇帝起床時感覺身體不適。太醫診斷過後，沉聲道：「陛下，你必須要做好心理準備，人固有一死，有的輕於鴻毛，有的重於泰山……陛下，陛下，你怎麼了？你不要害怕成這個樣子，剛才那句話，我其實是對別人說的……」

萬曆三十年二月初，皇帝病危。

第 9 章

暗夜呼聲

朱翊鈞是大明帝國的敵人。根植於基因深處的恨，讓他在下手搞死帝國之時，絲毫也不留情。反倒是意識糊塗的時候，恢復普通人的智力程度。

萬曆三十年，文武百官齊集於仁德門下。

大學士沈一貫小跑著入內，進來一看，只見皇太后朝南站著，神宗皇帝朱翊鈞在太后的東面，臉向南坐在地上。見到他進來，就以微弱的聲音道：「過來，你過來，不用怕成那個樣子，我眼看就要成爲一個死皇帝了……我跟你說啊，自打我當皇帝以來，就沒幹過一件人事，朝政事務一概不理，卻派了大批的太監出宮，到處設收費站，還壟斷了國家所有的礦業和基建工程。總之吧，我活著的時候，是有多少錢也不夠花的。不過，這事也眞奇怪了，雖然橫徵暴斂，可是最後錢不還是花在自己國家裡了？按理來說，拉動消費，促進GDP增長，經濟理應蒸蒸日上才對，怎麼說崩潰就崩潰了呢？不說這事了，崩潰就崩潰吧，我死後，哪管洪水滔天？現在我吩咐：派出宮的所有太監統統回來端尿罐，不許再在企業拿乾股，出任什麼董事長之類的職務，更不許把自己炒成地王……」

沈一貫流著淚，把這些話全都記下來，然後出宮，等待老闆死翹翹。

可萬萬沒想到，他前腳走，朱翊鈞的身體後腳就恢復了健康，立即下令：「先前我說的，統統都不算！你們馬上去找沈一貫，把他拿走的聖旨給朕再追回來。」

司禮太監田義說：「皇上，不是咱家說你，你腦子不是有毛病吧？這整個國家可都是你的啊！當了三十年皇帝，好不容易才發佈了一道像樣的命令，說到底也只是改正自己的錯誤而已。這是對你有利的事情，怎麼會出爾反爾呢？」

朱翊鈞大怒，「你個王八蛋，竟然敢頂撞領導！信不信老子宰了你？」

田義把脖子往前一伸，「陛下，朝這砍。老子要是眨巴一下眼睛，算你沒長卵子！」

朱翊鈞正要伸手去拔劍，忽然醒悟，「我靠！差點上了你這廝的當。老子腦子不夠用是眞的，可小時候被張居正老頭強掐著脖子，也讀了不少的書，知道有許多大臣，故意和昏君頂撞，讓昏君殺了他，好使自己青史留名。你小子不就是想千古流芳嗎？我呸！想都別想！」說罷揚長而去。

望著他的背影，田義摸著頸子，長長地鬆下一口氣，「唉！老子現在是眞糊塗了。你說這個皇帝，他到底是眞傻還是假傻？」

朱翊鈞是眞傻還是假傻？

說不清，眞的說不清。

你說這廝腦子清醒吧，他卻在處心積慮地弄死大明帝國。你說他糊塗吧，他的臨終遺言卻是那麼的清醒。可當他清醒過來，就又糊塗了……

沒錯，朱翊鈞是大明帝國的敵人。根植於基因深處的恨，讓他在下手搞死帝國之時，絲毫也不留情。反倒是意識糊塗的時候，產生仇恨的腺體分泌劑量降低，恢復普通人的智力程度。

這個就是帝國的宿命了。權力的爭奪與殘酷，終於改變了朱氏子孫的基因，植入這樣一條訊息：願生生世世，勿生於帝王之家。

簡單表述一下吧！大明帝國打一開始，就是在朱元璋的不情不願之下，被迫建立起來的。

於他而言，蹲在寺廟裡當快樂的禿頭和尚，恐怕更符合他的口味。然而殘酷的現實，非要把他逼到或者成爲皇帝，或者身死名裂的絕境。他拚爭，他奮鬥，他成功地成爲了當時唯一的贏家，可這一切，眞的符合他本人的意願嗎？

此後，自朱元璋而下，每一個登上帝位的人，都得在萬般無奈的情形之下，玩一場殘酷的博弈遊戲，這個家族的人，或者成爲帝王，或者死於非命，根本就找不到中間的路可走。

相信身處競技遊戲場中的朱氏皇族，都承受著莫大的壓力與痛苦。午夜夢迴，必要有一個聲音從心靈深處洞穿黑暗，輻射出來：該結束了吧！讓人無法忍受的一切，應該要結束了吧？

皇權博弈，是一場沒有贏家的遊戲。結束讓人絕望的狀態，是朱氏皇族子孫潛意識最深處不敢大聲說出來的願望。

一路看到這裡，如果有誰仍然不能夠理解朱翊鈞罷工二十六年的做法，此時此刻也該明白了。他是在盡自己的力，試圖終結讓人難以忍受的狀態。

殺死帝國！

遵循基因的意志與家族的宿命，神宗皇帝朱翊鈞，全然無意識地毀滅著大明帝國。諸多自相矛盾的行爲讓人無法理解，但當時沒有人顧得上理解，權力仍然在起作用。爭奪權力的社會博弈力量，至此愈發地激烈。

權力爭鬥之中，最先爆出來的，是妖書奇案。

這樁詭異的案子，又可分爲前半齣和後半齣。

前妖書案是鄭貴妃一手搞出來的。

小娘們兒天天琢磨讓親生兒子繼位，忽然發現山西按察史呂坤寫了部圖文並茂的《閨範圖說》，翻譯成現代語言，就是《三十八紅旗手先進事蹟選》……諸如此類。一看登時心動，對自己說：「我鄭貴妃才是大明帝國的女勞模、三十八紅旗手、十大傑出女青年之首啊！我照顧皇帝吃，照料皇帝穿，還要抱著皇帝睡，普天之下的女人，誰比我的貢獻更大？這上面怎麼把我給漏下了？」

她很鬱悶，遂自掏腰包，重新翻印此書，並將自己的感人事蹟統統加到了書裡邊。不想一經出版，朝中百官震動，有人聲稱這部書是大毒草，更有人指責她想掀起宮廷戰爭，公然奪嫡。還有的人搧陰風、點鬼火，假裝批判原作者呂坤，卻夾槍帶棒，用各種惡毒的言語攻擊她——朱翊鈞最親密的戰友。

此事讓朱翊鈞非常的鬱悶，傳旨大家閉嘴，前妖書之案，至此結案。而後，後妖書之案應時爆發……

第10章

皇帝是個傻大爺

抓來抓去，眼看著事情越鬧越大，到了人人自危的程度。人們早已忘記妖書這茬事，單只是提心吊膽，生恐不明不白被錦衣衛捉去抽筋剝皮。

萬曆三十一年的冬天，那一日早晨，百官起來出門，準備上朝，忽然在門前發現一本書，名字超怪，叫什麼《續憂危竑議》。打開來，發現這玩意兒壓根就不能說是書，從頭到尾只有三百字，充其量就是宣傳小冊子。

小冊子的風格文體，用兩個人對答的方式來完成，大意如下：

一個人問：皇上立大兒子朱常洛爲太子，是眞心誠意的嗎？

答曰：眞心誠意個屁，是不得已而爲之，最多不過三天五月，就要改選換人。

問：何以見得呢？

答曰：你傻啊你，看不出來皇上最近重用一名閣臣，名字叫朱賡嗎？你動腦筋想想，賡是什麼意思？賡者，更也，就是要更換太子的意思。

問：那皇上打算改立誰爲太子呢？

答曰：你缺心眼啊，看看皇上最喜歡的女人是誰？鄭貴妃也。皇上最喜歡的兒子是哪一個？鄭貴妃生的福王也。

書的最後寫著三個字：鄭福成。

怪了！誰是鄭福成？

大臣們見了這本書，全嚇得心驚膽顫，東張張，西望望，見四周無人注意，趕緊抓起來，飛也似地奔到垃圾堆前，扔到裡頭，然後長舒一口氣。好啦好啦！老子壓根就沒看到什麼反動宣傳手冊，所以這事跟老子無關，上朝去也。

大多數朝臣都選擇把書藏起來，卻有一個官員不敢隱藏。

爲什麼呢？

因爲這人，就是內閣中的朱賡。那本反動宣傳手冊上，赫赫然有他的名字，扔掉也沒用。一旦被人告到皇帝面前，老頭一看，嗯，朱賡的名字怎麼會在書上？明擺著，就算這事不是你幹的，幹這事的人，也肯定跟你有個一腿兩腿——若沒一腿，他怎麼就不寫別人的名字？

朱賡拿著這本反動宣傳手冊，哭得跟個淚人似的，一邊哭一邊罵：「你娘的那幕後之人，老子招你惹你了，還是抱你家孩子跳井了？你平白無故把老子寫到書裡去，這不是要命嗎？」

怎麼辦呢？

沒法辦，眞的沒法辦。唯一能想到的解決方案，就是大哭著跪在宮門之外自首，將書交上去，詳細說明發現的具體情況，並且遞交辭呈，誠懇表示隨時準備配合錦衣衛的調查工作。

錦衣衛果然出動了，展開調查。

怎麼個調查法？

簡單，就是看誰不順眼，先逮起來，皮鞭鐵銬老虎凳，外帶辣椒水一灌，沒個不招的。另外，既然橫豎是要隨便亂抓，與其抓沒有關係的人，莫不如抓自己的仇家，抓平常就看不順眼的人，對吧？

錦衣衛都督王之禎，與同爲錦衣衛的周嘉慶關係向來不睦，於是搶先一步提出指控。周嘉慶被逮起來用刑。刑訊期間，他的岳父，吏部尚書——相當於組織部部長李戴，被要求共同參加審案。

李戴坐在審判台上，眼看著女婿被剝光衣服，數百種刑具嘩啦啦地往身上用，眨眼工夫就成了個血人，實在看不下去了，黯然退席。

刑訊官王之禎見李戴離席，很是憤怒，趕緊去朱翊鈞面前控告說：「陛下，組織部長李戴有問題啊！他在大是大非面前，立場不牢靠啊！你看他這個樣子，不就是個弄死他女婿嗎？有啥不服不忿的？竟然不能開心看下去，而是憤怒地退席。如果任由這種歪風邪氣繼續，以後我們錦衣衛的工作，恐怕很難開展。」

「有這事？」朱翊鈞從諫如流，「你說得有道理，那就先把李戴的組織部長撤了，然後再慢慢查他的刑事責任。」

另一方面，內閣沈一貫與同事沈鯉不和，就趁機栽贓說此書是沈鯉寫的。錦衣衛也不問是非好歹，有人告就抓起來刑訊。

抓來抓去，眼看著事情越鬧越大，到了人人自危的程度。人們早已忘記妖書這茬事，單只是提心吊膽，生恐不明不白被錦衣衛捉去抽筋剝皮。

不行了，帝國領導人朱翊鈞不能不出來說句話了。

他說了什麼呢？

你簡直無法想像這廝的過人智慧……

妖書初起，神廟即召皇太子至，大聲諭曰：哥兒，你莫恐，不干你事，早些關門，晏些開門！又遣司禮太監田義口傳聖諭到內閣云：我今日朝聖母回宮，就宣皇太子到啟祥宮面諭慰言。我的慈愛教訓，你也知道。你的純善孝友，我也盡知。近有逆惡捏造奸書，離間我父子，動搖天下，已有嚴旨緝拿正法。我念你必有驚懼之心，我著閣臣安慰教訓你。今日宣你來，面賜予你。還有許多言語，因忿怒動火，不能盡言……

這篇原汁原味的史料，讓我們震驚。

震驚的原因，至少有三：

頭一個，朱翊鈞絕對是性情中人，聽聽他說話，早些關門，晚點開門……這番諄諄教誨，非對世道人心洞若觀火，斷然不會作爲最高指示發佈。

第二個，朱翊鈞絕對絕對是有著大智慧的人，儘管他的生命本能，須以毀滅帝國爲能事。可他的理性意識，遠遠高過當時的太多人。他最清楚妖書案是爲何而來，所以先安撫太子，免得再讓別人說三道四。

第三個：朱翊鈞絕對絕對絕對是……是與我們的描述一模一樣的人。看看他的語言風格，完全不類於一般人對於古人的想像，更像一個就住在隔壁的傻大爺。遇到自己的事，則精明透頂；遇到別人的事，則糊塗透頂。能怎麼辦？實在是拿他沒得法子。

帝國最高領導人已經被驚動，後妖書案，是該有個結果了。

第11章

妖人大舉入京都

皦生光明明已經被剮，不想那文華殿中書舍人趙士須一天下班回來，正要睡下，忽然聽到外頭有人敲門。趴著門縫往外看，居然看到死鬼皦生光堵在門口。

話說神宗朝中，有個叫郭正域的大臣，學識淵博，曾經入宮給皇太子朱常洛講課。一天郭正域入宮，驚發現太子蜷縮成一團，哆嗦打顫。一經打聽，原來宮中的烤火費都被太監們污掉了，當下怒髮衝冠，立於宮中，指著太監的鼻頭破口大罵：「丟你娘親，還不快替太子端火盆來？你敢不端，信不信老子現在就打死你？」

郭正域的兇狠模樣，嚇壞了宮裡的小太監們，急忙將自己的火盆端過來。太子湊過去，頓時淚流滿面。這盆火，燃起了他的人生希望，現在才知道，在這世界上，還有太多太多的人，關心著他，愛護著他……

正感動著，突聞噩耗。內閣沈一貫又栽贓說，妖書是郭正域寫的，老郭已經被錦衣衛拖走，正嚴刑拷打中。太子一聽急了，冒著激怒父親朱翊鈞，丟掉性命的巨大危險，立馬派身邊的人去解救郭老師。

最開始，錦衣衛還不買帳，要他按照規矩來。朱常洛索性一咬牙，豁出去了！連續派出多名內侍，要求立即無條件釋放老郭。他們見太子認了真，也不敢搞得太過分，只得把人放掉。

老郭被放，這事該繼續往誰的頭上栽？

忽然之間，眾人眼睛一亮，發現了一個倒楣蛋。

此倒楣蛋名叫皦生光，乃一介生員，大致相當於副主任科員這麼個級別。品德一貫超差，經常在街上攔截小商小販小朋友，敲詐勒索，「站住，把你手上的棒棒糖交出來，不交就打你屁股！」

這天，他也按照慣例出門欺負小朋友，遭遇兼職城管的錦衣衛，不由分說，收入獄中。聞訊，朝臣莫不鬆了一口氣，此案扣在這老兄頭上，應該正合適。連小朋友手裡的棒棒糖都不放過，這種人，肯定幹得出寫妖書的怪事！

扣是可以，但目前證據不太足。於是群臣獻策獻計，琢磨比較可靠的證據，最終由御史余懋衡找到突破點。

什麼樣的突破點？

且說余懋衡一日上朝，舉證說：「我發現證據了，這事就是皦生光幹的。證據就是我昨天做了個夢，夢到觀音大士說：『老余啊，你們猜不到妖書是誰寫的吧？來來來，我來告訴你，此書的作者，便是皦生光也。』」

這已經夠離奇了，更離奇的是，錦衣衛居然就拿了余懋衡的證詞，去宮裡向老闆彙報。朱翊鈞正在吃飯，聽後噗的一聲，噴得滿屋都是飯粒子。

錦衣衛小心翼翼地問：「陛下，你看這證據……是不是再補充一下？」

他冷笑幾聲，「補充個屁！如此紮實的證據，還不夠嗎？」

錦衣衛長鬆一口氣，回去讓皦生光在死刑判決書上簽字。他只能歎息道：「你們這些王八蛋啊，無非是想冤枉了老子，好快點結案。結吧結吧……」遂簽字畫押，拉到街市上，讓劊子手慢慢地切割零碎。

按說這事應該徹底結束了，怎奈樹欲靜而風不止。這邊皦生光明明已經被剮，不想那文華殿中書舍人趙士須一天下班回來，正要睡下，忽然聽到外頭有人敲門，走過去趴著門縫往外看，居然看到死鬼皦生光堵在門口。當下他很是納悶，忍不住問：「你不是死了嗎？」

就聽皦生光回答說：「我是死了不假，可我死得冤啊！明明這事是你幹的，卻把我千刀萬剮，姓趙的，你自己說，合適嗎？」

「什麼叫合適？什麼又叫不合適？就算是朝廷冤枉了你，那也是屬於母親打孩子，打錯了有什麼大不了的？兒不嫌母醜，先要謝國家，打了你白打，宰了你白宰……行啦行啦！你快回去吧！別血糊拉拉地堵在門口，這要是讓別人看到，影響多不好？」

「姓趙的，你還有點天良沒有？明明是你寫的妖書，卻栽在我頭上，還說什麼母親打孩子，打了也白打。我告訴你，別說朝廷根本就不是什麼母親，就算是，打了孩子也得負刑事責任，明白吧？」

「不跟你個死人抬槓，有本事你活過來呀！」

趙士須磨破了嘴皮，軟硬兼施，對皦生光的鬼魂做工作，可那死心眼的鬼就是堵在他家門口，不肯離開。搞到最後，眼看知道這件事的人越來越多，老趙怒了，「好！你不是死活不肯走嗎？你不走，我走！」說完這句話，倒地就死。有內線消息說，他是去找皦生光講道理去了。

很顯然，陰魂不散的皦生光，強烈地刺激了朝臣的神經。果然就有個錦衣衛百戶王曰乾發了神經，衝出來揭發說：「鄭貴妃找了妖人王三詔，要用妖術取皇太子朱常洛性命。」此外，據他透露，鄭貴妃還打算找來刺客，一併將神宗皇帝朱翊鈞搞死。

史載，王曰乾在他的揭發信中，詳細表述了妖人王三詔的黑魔法。那人有一只黑瓷攝魂瓶，通體透黑，只要剪兩個紙人，再披髮仗劍，登壇做法，兩個紙人就會嗖的一聲跳將起來，騰雲駕霧，精確制導，殺奔目標處，展開斬首行動。成功率百分之百，未曾有失手紀錄。

讀罷揭發信，朱翊鈞發出野狼垂死前的絕望呼嚎——救命！這幫傢伙擺明了是不想讓老子省心，非得讓老子一家打得你死我活，他們才過癮嗎？

朱翊鈞將揭發信轉內閣處理。

此時的內閣，因爲老闆罷工二十六年，成員有的老死，有的被錦衣衛捉走打死，有的正在被錦衣衛拖走的路上。偌大的內閣，就剩下一個老頭葉向高。面對老闆的要求，葉老頭必須從快拿出解決問題的法子。

過了一天，朱翊鈞派內侍去內閣詢問情況。葉老頭只是憨憨地看著來人，「啥？揭發信？沒聽說過……啥？王日乾？啥叫王日乾？沒聽說過……啥？妖人王三詔？啥叫王三詔？沒聽說過……」

好傢伙！居然一問三不知！

內侍氣憤已極，跑回來報告。

朱翊鈞聽了這情形，呆怔良久，突然放聲大笑，「靠！我一直以爲自己是天下第一有智慧的人，原來眞正有智慧的是葉向高這老不死的！難怪他能在內閣待這麼久，錦衣衛找不到理由弄死……高啊！葉老頭這招太高了！這封揭發信如果追究起來，不光是讓我和鄭貴妃翻臉，和兒子朱常洛的關係也會弄僵，搞不好就是個你死我活。現在讓他一擺弄，全當沒這麼回事，我的父子之情、夫妻之情，全部都周全了……高！高！高！這招眞他媽的高，老子還得再學學……」

史書上說，葉向高以其絕頂的智慧，壓下了這起事件，避免了朱翊鈞一家的家庭矛盾與權力鬥爭升級爆發。不唯是當時人，就連後世之人，也對他欽服不已。嘆服之餘，朱翊鈞很快就學到了這一手，並應用到實踐中。

第12章

宮中鈴響刺客來

王之采不過是大明帝國監獄的一名小小獄警，卻看不慣有人欺負太子，殺入東宮。明擺著，此事背後隱藏著大人物。思來想去，他心生一計……

結束朱翊鈞長達二十六年大罷工的，是一位名叫張差的神秘人物。

張差又是何許人也？

此乃彪形大漢一名，胳膊粗力氣大，胸前一擠，嘿呀呀！整整是八塊大肌肉。突然出現在歷史中的那一天，是萬曆四十三年五月。第一個發現他的是東宮守護皇太子的一個小太監，正要問這彪形大漢找誰，只聽砰的一聲巨響，人已經被木棍擊倒，四仰八叉地躺下。

「衝啊！殺啊！爲了祖國，爲了人民……」大漢怒吼著衝入宮中，指東打西，忽南忽北，驚得皇宮侍衛們丟了刀槍，忙不迭地抱頭鼠竄。他發出勝利的歡呼，尾隨追來，不留神闖入一大群小太監之中，只聽吱哩哇啦、嗚哩嘰咕，已被好些緊貼在身邊的太監死死抱住，並奪下手中的木棍。

出師未捷先被逮，長使瘋子淚滿襟。不法之徒竟公然衝擊皇太子居住處，眞乃歷史上獨此一樁的惡性大案。皇城御史劉廷元急忙登堂審理，這一審，就哭了。

「這個歹徒啊，他是個瘋子，但他並不是個傻子……」

啥意思？

通常情況下，人們會把瘋子和傻子混爲一談，因爲二者都是思維上出現障礙的殘疾人士。但實際上，瘋子和傻子，有著相當嚴格的區別。

如何區別？可否具體說明？

這區別就是……總之吧……然而……但是……不然……他奶奶的……唉！如果那麼容易就能說明白，劉廷元至於急得嚎啕大哭嗎？

哭完了，抹抹眼淚，他上奏說：「陛下，這個叫張差的歹徒，他是個瘋子，但不是個傻子。」

此言一出，群臣一陣騷動，都認為劉廷元瞎扯蛋。什麼叫是個瘋子不是傻子？你瘋了的話，能不傻嗎？你傻了的話，能不瘋嗎？

說不清楚了，怎樣也說不清楚，卻有一個小人物，非要讓歹徒張差把事情說清楚不可。這個小人物，名叫王之寀。

他的職位超低，不過是大明帝國監獄的一名小小獄警。儘管如此，卻有一顆充滿正義感的心，看不慣有人欺負太子，竟然敢殺入東宮，明擺著，此事背後隱藏著大人物。思來想去，心生一計，先將歹徒張差關進一間特殊的號子裡，號子旁邊是味道最鮮美的食物，他和朋友們就坐在桌邊，幸福地大吃大喝，卻不給人家一口。

如此餓上幾天，張差終於瘋掉了——原本就是個瘋子，現在又瘋，瘋上加瘋，負負得正，神智瞬間清醒。

瘋上加瘋導致神智清醒的刺客，寫了一份洋洋灑灑的供詞：

有馬三舅、李外父，叫不知姓名老公公跟我說：「事成與幾畝地種，夠你受用了。」說罷，騎馬領我到不知街道大宅子，又一老公公與我飯吃，說：「不要餓了他，也休得多了。」隨後再說：「你先撞一遭去，撞著兩個，打殺一個，事後我有力量救得你。」跟著與我棗木棍，領我從厚載門進到宮門口。守門的手打來一巴掌，被我一棍放倒。怎知裡邊的老公公太多了，就被拿住。

哦！明白了，宮裡有太監把刺客帶了進去，欲謀害太子。

這個太監是誰？

再一追查，可了不得，赫赫然是鄭貴妃身邊的龐保。

事情眞鬧大了，群臣洶洶，在皇宮門外遊行示威，高呼口呼：「打倒鄭貴妃！揪出幕後黑手！皇太子朱常洛萬歲！血債要用血來償！牢記階級苦，不忘血淚仇！千萬不要忘記權力鬥爭！」

事情眞鬧大了，鄭貴妃嚇得抱住皇帝，放聲大哭，「老公，你怎麼這麼窩囊啊？聽不見外邊的人在喊反動口號嗎？快讓錦衣衛把他們統統抓起來！」

朱翊鈞苦笑，「傻老娘們，還犯糊塗呢！妳難道沒聽說過衆怒難犯？妳以為在外邊高喊反動口號的人是誰？就是那些錦衣衛啊！這時候的他們，絕對不會再聽從命令。不僅如此，還要強迫我把妳交出去，拖到刑訊台上，先剝了衣服，再拿開水慢慢往妳身上澆。要是澆不死，妳來找我。」

鄭貴妃嚇呆了，「陛下，陛下，我對天發誓，那刺客不是我派去的。求求你救我一命，我發誓……」

朱翊鈞轉而露出慘笑，「傻老娘們兒，這時候求我，沒有用了。」

「你是皇上，你都救不了我，我還能再找誰？」

「如今普天之下，只有一個人救得了妳，他就是……」

第13章

穩定壓倒一切

史上頭一次，神宗皇帝率領太子朱常洛、三個孫子，浩浩蕩蕩地出了宮門。一出門就看到黑壓壓的朝臣隊伍，有的在散發傳單，有的在慷慨激昂地演講……

聽到皇上兼親爹宣召，太子朱常洛疾跑如飛，趕了過來。

一進門，就聽撲通一聲，鄭貴妃已經跪倒在他面前，雙手一抄，將他的大腿抱住，一頭抵在他的兩腿之間，「太子寶寶，太子寶寶，你知道那個刺客不是我派去的，是不是？求你了，太子寶寶，看在你福娃弟弟的份上，幫我一把吧！」

史書上說，朱常洛應變神速，撲通也跪了下來，哭道：「兒子豈敢得罪於天地？姨娘，有話起來說。」

未得到承諾，鄭貴妃豈肯起來？當下只是砰砰地磕頭，「太子寶寶，你千萬別聽外邊那些別有用心的挑唆，千萬不要啊！你知道我是冤枉的……」

當爹的就坐一邊笑瞇瞇地看，朱常洛哪有膽子讓鄭貴妃衝自己磕頭？可人家的頭已經磕了，而且還磕了不少，怎麼辦？唯一的解決方案，就是再把頭磕回去。於是他也忙不迭地向著鄭貴妃磕頭。

兩人對磕，距離又太近，只聽砰砰砰！腦殼碰腦殼，磕得頭暈眼花，卻是誰也不敢先停下來，只能忍淚咬牙，堅持不懈地把頭磕下去。

看到這一幕感人的場景，神宗皇帝朱翊鈞忍不住流下激動的淚水，「多麼和諧的大家庭啊！為什麼總是有人要挑唆我們的和諧關係？我早就說過了，穩定，要穩定，穩定是壓倒一切的！兒子，你先起來。」

朱常洛哭道：「父皇，兒子不敢。」

朱翊鈞又道：「有啥不敢的？還記得嗎？你從一個指頭那麼大一點點，長成了現在這樣的男子漢大丈夫，若然是你爹或你鄭姨娘對你不好，能夠活到今天嗎？爹說得對不對啊？」

朱常洛哭得更大聲了，「爹爹所說，句句是眞理，一句頂一萬句！」

「好，你現在回去，把你的三個兒子叫來。」

一聽這話，朱常洛嚇得魂飛魄散。什麼意思？這老頭莫非是想斬草除根？把兒子連帶孫子們一併宰光光？儘管心裡害怕，面上卻不敢有絲毫猶豫，當即出了門，將三個孩子帶過來。

見到三個孫子，神宗皇帝大喜，「孫子們，跟你爺爺一塊上朝去……啥？不知道啥叫上朝？你以爲就你們這幫孫子不知道？你爺爺我照樣不知道，眨眼都已經有二十六年沒上朝了。今天呢，你爺爺我是捨得一身剮，帶著兒孫敢上馬，走嘍！」

歷史上頭一次，神宗皇帝率領皇太子朱常洛、三個孫子，一行人浩浩蕩蕩地出了宮門。一出門，就看到黑壓壓的朝臣遊行隊伍，有的正在散發反動傳單，有的正在慷慨激昂地演講，有的趁機兜售飲料水果，管你天塌地陷，老子先做筆小買賣再說。

聽！現場的口號聲響徹雲宵：「打倒萬惡的鄭貴妃！誓死保護皇太子朱常洛！誰反對朝廷就打倒誰……」那邊還有文藝宣傳隊，打著竹板，發動群衆，「噹哩個啷！噹哩個啷！說一說貴妃鄭娘娘。鄭娘娘，太猖狂，手持兇器入朝堂，打得太監滿地爬啊，嚇得太子直叫娘……」諸如此類，總之是熱鬧非凡。

仔細再看，角落裡邊還仨一夥、五一群的散佈著許多錦衣衛，有氣無力地在對衆人做工作，「請大家立即解散，立即解散！千萬不要被一小撮壞人利用，要穩定，穩定！請各級領導回去抓好維穩工作……」

「看到了沒有？」神宗皇帝朱翊鈞悄悄地說：「這是一起公然的反朝廷暴亂，眼下最重要的工作就是恢復局面的穩定，先承諾不秋後算帳，等到秋後再算總帳……兒子，你還愣著幹什麼？還不快點解決問題？」

「是！」太子朱常洛上前一步，大聲喊道：「注意了！注意了！我是皇太子朱常洛。現在請服從我的命令，立刻解散，立刻解散！」

就聽嘩的一聲，群臣全都擁過來，七嘴八舌地問：「太子，太子，你沒事吧？

不是說你被刺客打得半死嗎？這是誰造的謠啊？太子，這事是以鄭貴妃爲首的反朝廷集團幹的，一定要把他們全都揪出來，批倒批臭，再踹上一萬隻腳！」

朱常洛嚴肅地道：「不許亂講話，我們一家人，父親慈愛，兒子孝順，至於鄭後媽，那是個絕對標準正宗的後媽……我的意思是說，刺客入東宮之事，目前已經查明，就是一起孤立的案子，與鄭後媽沒關係，你們快點散。」

臣子們當然不肯散，有人大聲喊道：「太子，你他媽的缺心眼啊？這時候還替他們說話，就不怕鄭貴妃生的福娃篡了你的位？」

朱常洛還未回答，皇帝朱翊鈞已經怒不可遏地衝了上來，「放你娘的狗臭屁！他福娃……我是說，福王遠在自己的封國，距離京師有千里之遙，怎麼能夠篡位？飛回來不成？」

這時候，歷史上的一個超級大BUG出現了——由於神宗朱翊鈞鬧了整整二十六年的大罷工，群臣壓根就沒見過他，聽他氣勢洶洶地說話，早有御史劉光復等人扯開嗓子怒罵，「閉嘴！這裡最小的官，也是副部級的，你個不明眞相的群衆多什麼嘴？再敢多嘴，老子打死你！」

人多洶洶，噪音太大，朱翊鈞聽不明白這御史說了些什麼，當場抖了抖身上的龍袍，「你們眼睛瞎了，認不出老子就是皇帝嗎？」

此言一出，劉光復大駭，忙不迭地高呼：「陛下一家父慈子孝，真乃世間楷模啊！」

朱翊鈞還是聽不清楚他在說什麼，就問身邊的一個錦衣衛，「喂！那傢伙說什麼？」

這個錦衣衛也沒聽清楚，隨口猜測道：「陛下，你看他的口唇，分明是在說日你娘親啥的。」

朱翊鈞一聽更火，「我好不容易上一次朝，怎麼出來就挨罵呢？錦衣衛，你們給老子把那傢伙揪出來，狠狠打！」

錦衣衛衝入人群，強行將劉光復拖出來，當著大家的面剝掉褲子，按倒在地，一五一十地打板子，打得他咯咯直樂：當這麼多人指皇帝鼻頭罵，居然只是個打板子，早知道就多罵幾句了。不管怎麼說，這個聖上……真他娘的聖明！

一起大規模的群體事件，終以劉光復屁股被打得稀爛，宣告勝利結束。

第14章

奪宮之戰

總之，朱常洛贏了。贏歸贏，但有一個懸疑，突兀地漫入群臣心中：那個手持棗棍衝入東宮的刺客，到底是誰差遣的？會不會其實是……太子本人？

史家分析說，梃擊案的發生，讓太子朱常洛賺得盆滿缽滿，成為這起事件中唯一而且是最大的受益者。

此事發生之前，他雖然貴為太子，卻更像一條架在炭盆上烤火的魚。父親朱翊鈞與鄭貴妃的親密情感如一座山，時刻懸浮於頭上，說不定哪一天就要轟隆一聲，砸落下來。確實，廢除他的太子職位，不過是朱翊鈞一句話的事，縱然群臣不服不忿，終究解決不了問題。

然而，梃擊案的爆發，讓朱常洛一下子站了出來，與和父親以及三個兒子同時登台，向群臣展示朱氏皇族幸福而團結的景象。

這意味著什麼？意味著他的地位就此得到確認，並深刻地撼入到臣屬們心中。朝中至少有一半的臣子，將轉而向他效忠。作為皇家繼承人，他的定位已然徹底明確，如果以後朱翊鈞再忽發奇想，想撤銷太子職務……除非嫌皇帝當膩了，不想再混了，否則還真不能這樣幹。

總之，朱常洛贏了。

贏歸贏，但有一個懸疑，突兀地漫入群臣心中：那個手持棗棍衝入東宮的刺客，到底是誰差遣的？

會不會其實是……太子本人？

賓果！正是這廝！

那麼，這種猜測有無證據？

證據……這個事，這麼說吧！歷史學家沒能找到皇太子朱常洛的私人日記，上面記載說：今天我真高興，我吩咐了瘋子張差……明確的文字記錄不存在，然後此後發生的種種，說不盡的吊詭。

先是最早閑極無聊，非要追查這個案子的獄警王之寀被收押，罪名是捏造假口供，敲詐勒索正直官員二萬兩銀子。緊接著，數百種刑具統統用到他身上，要測試人體的抗虐待能力。

王之寀咬牙頂了很長時間，然而耐力終有極限，後面排隊等著派上用場的刑具卻是數量無限，一天天地持續拷打，終於有一天，就聽他大叫一聲，已被拷打得七零八碎，再無法拼湊成完整的人。

再以後，事態變得更加詭異。

神宗皇帝朱翊鈞重新退回深宮，和鄭貴妃躲進一間屋子裡，又不露面了。朝中群臣以楊漣、左光斗爲首，派出了抓舌頭的偵察部隊，埋伏在皇牆之外，見有太醫打此路過，就一躍而起，將其捉住，「老實交代，皇上是不是快要病死了？快回答是，不然就要你的命！」果然如願挖出內幕，神宗皇帝真的已經病危。

接下來，楊漣和左光斗匆匆跑到東宮門外，招呼太子朱常洛的同學，東宮伴讀王安，「王安，你馬上吩咐太子殿下，讓他別在宮裡傻傻呆著了，快點去老爺子的房間，快！千萬別耽誤了！」

王安不解，說道：「這……皇上也沒吩咐太子過去，如果硬要過去，是不是得找個理由呢？」

左光斗更急了，「理由還不是現成的？就說太子要給皇上奉藥嘛！」

王安回來一說，朱常洛心裡惶急萬分。去吧，萬一朱翊鈞的身體壓根沒什麼事，莫名其妙闖進去，豈不是明擺著盼老頭快死？可若不去，萬一老頭真的蹬腿嚥氣，鄭貴妃拿出一張遺詔，硬說立了她家福娃登基，這可怎生是好？

想了很久，他一咬牙一瞪眼，拚了！大不了老子……掉過頭來，怒氣衝衝地奔出門，徑直衝入老爹的房間。

他來得正是時候，這時候的朱翊鈞，已經死得七七八八。儘管還沒有嚥下最後一口氣，但確實不能算是活人了。

「哈哈哈！」朱常洛仰天長笑，「終於輪到了老子玩了，哈哈哈……」

這一天，朱常洛品嘗到了權力的美味。三十九年的艱辛等待，終於如願以償。興奮之餘，他一口氣下了三道詔書：

頭一道，打開父親朱翊鈞偷偷藏匿起來的金銀庫府，補發邊關將士積欠了多年的工資。第一筆款打下去，就是一百萬兩銀子。

第二道，罷盡天下礦稅，將神宗朱翊鈞設置在全國各個交通路口的收費站全部撤銷，各地收費人員回宮，繼續端夜壺當太監。

第三道，釋放所有在押的朝臣，並大開諫門，請大家獻計獻策，看看有沒有什麼好法子富強國家。

三道令旨一下，天下人歡聲雷動，全都將新皇帝朱常洛視爲未來的希望。這個倒楣透頂的大明帝國，自打朱元璋開頭，始終沒有攤上過眞正像樣的皇帝。如今朱常洛來了，頭三腳，全都是朝臣與民衆期待日久的良策，如何不讓人心花怒放？

心花怒放後，接著是一則可怕的消息：朱常洛病了。

不會吧？他正值壯年，剛剛當了皇帝，怎麼會病倒呢？

疑惑的老百姓們，馬上又聽到令人絕望的壞消息：朱常洛死了！

不可能是眞的，然又確實是眞的。

千眞萬確，天亡大明！

第15章

擺個明君大 POSE

朱常洛這倒楣孩子，苦苦等了三十九年，等的原來不是皇帝寶座，而是那一枚小藥丸。三十九年後，總算將藥丸拿到了手，趕緊吃下死掉。

朱常洛到底是怎麼一回事？

苦熬了三十九年，總算迎來生命的春天，可他說病就病，說死就死，迅捷如雷霆，讓人連驚訝都來不及。

他到底在搞什麼鬼？

事實上，朱常洛的一生，徹底籠罩在神秘的雲霧之中。他身上發生了太多太多說不清楚的事，我們還是先看看檔案吧！

- 姓名：朱常洛
- 出生：一五八二年九月十一日
- 出生地：北京
- 生肖：馬
- 血型：A型
- 身高：一百七十八公分
- 體重：六十五公斤
- 相貌特徵：堅毅，淡定，但瞳仁混濁

• 特長：忍耐
• 社會關係：
父親：神宗朱翊鈞
母親：王氏
妻子：郭氏
有兒子七人

零歲前十個月：進入生長階段。
零歲前六個月：父親朱翊鈞拒絕承認自己的兒子，母親的情緒激烈起伏，波動不止，影響到胎兒的成長。
零歲：悲憤出生，從此開始等待。
五歲：鄭貴妃生下三弟福娃，立即被封為貴妃，朱常洛的生母卻沒有任何封號，地位低下。此事引發大臣之爭議，大鬧朝廷，史稱爭國本。
九歲：朝臣洶洶，要求立朱常洛為太子，遭朱翊鈞駁回。同年，前妖書案爆發。
十歲：工部主事張有德上書，要求立朱常洛為太子，內閣次輔許國以全體內閣名義上書，表示支持，但首輔申時行反對，武英中書黃正賓爲此上書痛斥，局面混亂不已，已經到了無法弄清楚誰是誰的程度。朱翊鈞爲了搞清楚狀況，喝令將黃正賓打死，太監不忍下手，只打了個半死。

十一歲：東林黨創始人顧憲成辭官回家。

十二歲：九大臣上書，求立朱常洛爲太子。此後整整一年，朝臣前仆後繼，不斷提出要求，朱翊鈞被逼到幾乎發瘋。

十三歲：朱常洛以皇長子的名義，出閣講學。

二十歲：立爲太子，並冊封皇太子妃郭氏。

二十五歲：後妖書大案爆發。長子朱由校出生。

三十二歲：妖人案爆發，有王日乾告發妖人王三詔。

三十四歲：梃擊案爆發，有瘋人張差持棍殺入東宮，欲謀刺朱常洛。

三十九歲：神宗皇帝朱翊鈞正式死亡，朱常洛登基爲帝，史稱光宗。在位二十九天，未及一月，死於神秘的紅丸案中。

看到了沒有？看到了沒有？朱常洛這倒楣孩子，苦苦等了三十九年，等的原來不是皇帝寶座，而是那一枚小藥丸。

三十九年後，總算將藥丸拿到了手，趕緊吃下死掉。

更加缺德的是，短短的二十九天執政期間，他狠狠地擺了一個明君的POSE，並且擺得極盡完美，極盡精緻，正所謂：唐宗宋祖，略輸文彩，秦皇漢武，稍遜風騷，一代天驕，成吉思汗，只識鍋裡煮肥雕……正因爲他在任期間出台的政策是如此的合乎人們的預期，所以他的死，帶給後世無盡的迷茫和惶惑。

按理來說，死得如此迅速的皇帝，多半腦子不夠用。可朱常洛的腦子哪怕只是稍微笨上那麼一點點，都不可能熬得過漫長三十九年的考驗期。九九叩都拜了，就差最後一哆嗦了，他居然生生哆嗦死了！

突如其來的死亡之後，隱藏著的歷史眞相，到底爲何？

第16章

一個皇帝的多種死法

所有人都能夠判斷得出，肯定有什麼事情沒被記錄，而正是這樁事，導致了朱常洛一死了之。可單只從邏輯上來看，這種事存在的可能性，明顯低於零。

由於光宗皇帝朱常洛死得過於神速，有關他的死因，在當時就迅速地形成五大流派：分別是餓死派、累死派、後媽鄭貴妃搞死派、小保姆李選侍搞死派，以及陰謀死派。

餓死派認爲，朱常洛自打生下來就備受歧視，在死亡線上艱苦地掙扎。由於鄭貴妃的授意與指使，宮中的太監們對他用了多種虐待手段，三伏天不發消暑費，三九天不發烤火費。夏天時熱得要死，冬天時又凍得要死，苦苦被折磨三十九年，他能活下來就是樁怪事了，還有什麼理由持續地活下去？

累死派認爲，朱常洛的身體確實不太好，三十九年的太子期也遭了許多罪，但這不足以構成非死不可的理由。眞正促成他迅速死去的，是過於繁重的工作與強大的心理壓力。概因神宗朱翊鈞留下的是千瘡百孔的爛攤子，就算是神仙來了，怕也要氣到吐血，更何況他只是一個身體素質欠佳的人？所以說，朱常洛乃活活累死在工作崗位上，眞是催人淚下的老勞模。

後媽鄭貴妃搞死派認爲，朱常洛之死，和多年的苦難生活有關，和繁重的工作也有關，但這兩個因素都不是決定性的。起決定作用的，是鄭貴妃的惡搞。史載，那後媽傍了大老闆神宗皇帝朱翊鈞，長達三十九年來始終想搞死朱常洛。如今朱常洛掌握了權力，鄭貴妃唯恐他對自己展開報復，遂於宮中精選美女若干名，讓她們去迷死新老闆。

對於這項工作，衆美女們持堅決支援態度，而且工作起來廢寢忘食，兢兢業業，早晨也搞，晚間也搞，睡覺也搞，醒來也搞，床下要搞，床上更要搞……可憐朱常洛落入一群如狼似虎的女人堆裡，活活被搞死，實屬情理之中。

小保姆李選侍搞死派則認爲，朱常洛確實是被美貌女人搞死的，而且鄭貴妃也確實給他派去了一支由美少女組成的赤裸特工，摩拳擦掌地準備搞死他。但很不幸的，她們衝進宮來，遭遇到小保姆李選侍的攔截。就見她施展出家傳的九陰白骨爪，刷刷刷！哧啦啦！搔得衆赤裸特工大哭而走。

那麼這個小保姆李選侍，又是何許人也？

說起李選侍，來頭可就大了，她便是……

怎麼說呢？她本是歷史上沒沒無聞的一個小女生，十來歲那一年，恰好東宮擴編，於是她和姐姐就入了東宮，封爲選侍。

至於選侍的意思，說白了嘛，只是太子的性伴侶替補隊員。萬一太子突然發情，嗷嗷直叫，卻來不及去正經地方找女人，就暫時拿這些人湊個數，洩洩火。總之，只是地位極低的角色。

李選侍和姐姐同時入宮，同爲選侍，太子宮裡就有兩個選侍了。擱現在，就會稱爲大李小李，又或是肥李瘦李，但宮中不作興這樣稱呼，太沒品味。皇宮流的稱呼是，姐姐住在東房，稱東李，妹妹住在西屋，稱西李。

姊妹花來了，只怕當時的太子朱常洛，命不久矣……

錯了！是倒楣的太子妃命不久矣。

話說那光宗朱常洛有過兩個王姓太子妃，首屆太子妃是他當太子時的患難夫妻，正所謂貧賤夫妻百事哀，而當時他們的生存狀態，比之於民間的貧賤夫妻更要淒慘，太子妃王氏等於是被活活折磨死。

消息傳出，宮中決定提拔東宮的王選侍爲才人，再升爲太子妃。二任太子妃替他生下一個倒楣孩子朱由校——此人便是帝國的下一任皇帝熹宗。

史書上說，太子妃王氏未經小保姆李選侍許可，擅自和朱常洛胡搞，居然還敢生下孩子，使得她勃然大怒。憤怒之下，李選侍索性衝入王氏的房間，一頓暴打不夠，還用上十幾種技術含量超高的宮廷秘刑。待到她盡興地走出來，太子妃的屍身已經冰冷。

另有跡象表明，太子妃王氏之死，兇手並非李選侍一人，而是一起團夥作案。這夥潛伏於深宮大內的犯罪團夥，主犯就是——朱常洛！

證據？

還要什麼證據？說起來，太子妃王氏是家裡的女主人，李選侍最多算是個小保姆。如今，小保姆當著男主人的面，活生生將女主人虐殺，你敢說這家的男主人無辜？

另有機密史料表明，實際上，朱常洛是超級變態的殺手，死在他手中的女人，除了第二任太子妃王氏，還有一個淑女劉氏，她也生下過兒子，名叫朱由檢——這倒楣孩子便是大明帝國的末代皇帝了，他出場的使命，在於突顯流寇李自成的兇悍，並將以縊死於景山上謝幕。

細細追究起來，未來的崇禎皇帝如此倒楣，也與他不幸的童年關係匪淺。

崇禎皇帝出生後，母親劉氏就被丈夫朱常洛一腳踹出門外，理由不詳，原因不明，史書上只記載了可怕的後果——劉氏活活地凍死在宮門外邊。而朱常洛唯恐被父親神宗皇帝發現，大半夜扛起她的屍體，埋到了西山。

這兩件事，證明了朱常洛絕非普通人物。真正在此人的血脈中湧淌著的，該是澎湃激越的獸性。只當了二十九天的皇帝，算是他的運氣。若再多在龍椅上坐幾天，遲早會幹出滅絕人性的大勾當。

總而言之，言而總之，等到朱常洛繼位，升職爲光宗皇帝，後宮之中已沒有什麼懸念，李選侍呼之欲出，非接替皇后之位不可。可麻煩的是，她目前的身分仍然是小保姆，要想登堂入室，成爲女主人，朝臣們鐵定不樂意。

管你樂意不樂意，這是皇家自己的事兒。

於是有一天，光宗皇帝召集屬臣，商議提拔李選侍。而此時，她就在隔壁聽著，聽啊聽，聽到光宗居然只打算晉升她爲皇妃，火氣一下子上來了，出門一把揪住在外頭玩耍的朱由校，上前便是兩腳，「小兔崽子，馬上給老娘進屋裡去，對你爹說，老娘不要當什麼狗屁皇妃，要當就當皇后。聽明白了沒有？」

朱由校的生母是李選侍虐殺的，對這個女人，他是恐懼到了極點，立即進屋報告，「爹，你別瞎整，保姆阿姨說了，她才不要什麼狗屁皇妃，她要當皇后！」

「皇后啊……」光宗皇帝朱常洛犯難了，心中清楚提出這個建議，鐵定會遭到群臣的強烈抗議。

怎麼辦呢？

朱常洛一動腦子思考，頓覺精力不足，體力不支，就說：「那什麼，前幾天的時候，宮裡不是來了個不懂醫術的江湖郎中李可灼嗎？聽說他給我帶來幾枚仙丹，是真是假？」

御醫趕緊在一邊回答道：「陛下，你明明知道李可灼是個江湖騙子，不懂醫術的，怎麼還會相信他的仙丹？」

朱常洛大笑，「你們懂個屁啊！要知道梨子的滋味，必須先嚐一嚐。要知道到底是仙丹還是毒藥，不吞下個十枚八枚，又有什麼資格說三道四？」

「陛下，藥不能亂吃的。」

「我有說亂吃了嗎？沒有，就是嚐一嚐而已。別廢話，快點拿過來！」

御醫力阻，朱常洛如何肯聽？不由分說將人掀翻在地，奪過藥匣子，打開來，果然嗅到異香撲鼻，只見兩枚紅溜溜的仙丹，正自放置於匣中。拈起一枚，口中沉吟道：「第一個吃螃蟹的人，是勇士。第一個吃仙丹的人，是死人，還是仙人呢？」

咕嘟一聲，已將之嚥下。

吞下仙丹，正要咂沫咂沫這東西到底是啥味道，忽聽門外邊傳來李選侍的聲音：「陛下，你考慮好了沒有？我希望你認清形勢，理性選擇，馬上封我為皇后，我也就不再追究你以前的事情，否則的話……哼哼！」

聽聞逼迫聲，朱常洛急忙抄起另一枚仙丹，嘀咕道：「老子現在是真的走投無路了。封小保姆為皇后，群臣肯定是通不過的，搞不好又要遊行集會，靜坐示威，大搞群體事件。不封小保姆當皇后，那後果……老子他媽的不如死了好！」說罷，將第二枚仙丹往口裡丟，咕嘟嚥下。下一秒，眼珠子在眼眶裡疾速地旋轉起來，竟然發出無比怪異的大笑，接著朗聲道：「我欲乘風歸去，又恐瓊樓玉宇，高處不勝寒……」言訖，死之。

綜上所述，此一流派的學術觀點認為，朱常洛是在李選侍的強勢逼迫之下，走投無路，不得不賭一賭仙丹的效果。如果真是靈藥，那他就羽化成仙，不管人間的閒事了。如果不是，至少不用再在逼迫下過日子。

可是，這樣子的歷史，委實太過詭異。

朱常洛再怎麼說也是一國之君，哪怕真的有什麼把柄抓在李選侍的手中，也沒有理由畏懼。無奈他老兄的表現就是如此怪異，直讓人世世代代的讀史之人，對此納悶搔頭，忍不住要追問一句：「媽的，這狗屁歷史，記錄得不明不白，到底發生了什麼？」

最令人彆扭的是，所有人都能夠判斷得出，肯定有什麼事情沒被記錄，而正是這樁事，導致了朱常洛破罐子破摔，乾脆一死了之。可問題是，單只從邏輯上來看，這種事存在的可能性，明顯低於零。

歷史和邏輯，生生撞上了車，我們到底是應該相信歷史，還是應該相信邏輯？

甭管信什麼，反正朱常洛已經含笑九泉了。接下來，且看大明帝國的第十六任皇帝：熹宗朱由校出場。

卷十二

於寂寞中獨自守候

狗需要主人，
楊漣、左光斗卻不明白這個簡單的道理。
他們懂得將李選侍趕走，
卻不懂得幫皇帝找一個新主人，
從而導致了自己和整個帝國的悲劇。

第1章

天下第一狠娘們兒

情形果如楊漣所料，皇太子朱由校已被李選侍控制起來。為了防止他被奪走，她還命令宮裡的太監們操傢伙，如有人膽敢闖進來，直接打死。

儘管朱常洛的身分仍然是個謎，皇帝或許只是他的兼職，眞正的職位是皇宮殺人團夥的總瓢把子。但在他登基的短短二十九天，眞正留給人們的並非這團迷霧，而是體恤天下蒼生的三條措施。所以，放眼當時的朝廷，諸臣無不把他視爲帝國的希望。

孰料此人說死就死，死得不唯是速度超快，而且還充滿恐怖的懸疑，導致衆人震恐驚駭，彷彿天塌地陷，整個朝堂竟爾死寂一片。好長好長時間過去，才突兀地爆出一聲驚天動地的嚎啕。

天塌了、地陷了，大明帝國的希望，就此斷絕……

不不不！大明還有希望。光宗皇帝死了，可是太子朱由校還在，請他登基吧！太子，太子，太子……太子你他媽的死哪兒去了？

正該是悲慟欲絕的時候，皇太子朱由校偏偏連蹤影也無。群臣說不出來的疑惑，就到處翻找，牆角邊、門後邊、老鼠洞裡，全都掏了個遍，仍然找不到太子。這當口，名臣楊漣終於醒過神來，他說：「兄弟們啊，情形不妙啊！咱們的儲君……我看多半是被人綁架了。」

「誰敢綁架皇家太子？」

「別人還眞不敢，但如今的大明帝國，偏偏就有這麼一個人，別的事未必敢幹，可說到綁架太子，眞是輕車熟路……」

李選侍！

這個女人，早年間公然將太子妃王氏虐殺，從此強迫傻孩子朱由校管她叫媽，聲音若小了一點，劈面就是一記大耳刮子。堂堂的一國之儲君，竟然淪爲一個女人洩火的出氣桶，有事沒事，都要找個茬由暴揍一頓。如今的情況很清楚，眼見得皇帝朱常洛突然暴死，這狠娘們兒肯定要搶先一步，將太子控制起來。如果不採取行動奪回，只怕後果不堪設想。

想到這裡，楊漣登高一呼：「兄弟們，王侯將相，寧有種乎……不對，不對，喊錯口號了，應該是食君之祿，忠君之事！現今太子失蹤，我等理應忠心報國，進入宮中將他找回！」

一呼百應，數百名官員跟在他身後，浩浩蕩蕩地向宮裡去。不想甫一進門，就聽砰的一聲，一根粗大的木棍，直奔他的腦殼。幸虧他機靈，急忙閃過。耳中就聽一片驚天動地的喊殺之聲，數百名小太監各自手操兇器，向群臣殺將過來。

需要說明的是，這夥小太監的頭領，名叫李進忠。

你覺得此人的名字陌生嗎？不，他在歷史上可是赫赫有名。可以這麼說，大明帝國亡於此人之手。

大明帝國亡於李進忠之手？沒聽說過啊！

沒聽說過就對了。這個李進忠，不久之後會恢復自己的原名：魏忠賢。

魏忠賢，滅亡大明帝國的罪魁。但此時，他只是皇宮造反派的一名小頭目。

眼見對方來勢洶洶，楊漣再次振臂高呼：「兄弟們，不是東風壓倒西風，就是西風壓倒東風！不是太監打扁朝臣，就是朝臣打死太監！與我殺入宮中啊……」吶喊聲中，大家揮起笏板，與太監們砰砰砰打成一團。

情形果如楊漣所料，皇太子朱由校已被狠娘們兒李選侍控制起來。爲了防止他被奪走，她還命令宮裡的太監們操傢伙，如有人膽敢闖進來，直接打死。

這娘們兒眞堪稱大明帝國時代的第一狠人，獨對群臣，勇氣可嘉。可惜啊，她只顧吩咐動手，卻不懂得管理學的獎懲措施，沒有說表現好的會得到什麼獎勵，也沒有說表現差的會有什麼懲罰。所以在激烈交火之中，太監們明顯是敷衍差事，象徵性進行了幾下抵抗，就迅速地潰退回宮。

「衝啊！」楊漣發出勝利的喊聲，衝入李選侍的臥房，後面的大臣蜂擁往裡撞，她發出一聲驚叫，被無數個花白鬍子的老頭壓倒在地。等她昏昏沉沉地再爬起來，便聽群臣們歡天喜地的聲音迅速遠去，皇太子朱常洛已然被暴力集團劫走。

凱旋之後，朝臣們興奮莫名，這一仗，打得眞漂亮……漂亮是漂亮，奈何這些老臣子，一個個都是七老八十的年齡，突發少年狂，大戰太監，隨後至少一半人立即心臟病發作，還有一半人則是血壓升高，顱內血栓崩裂。待到「哭臨」時，還有力氣站在當地的，只剩下內閣次輔劉一景。

往光宗皇帝的靈柩前一站，他眼前頓時一片漆黑——不得了了！皇太子朱由校居然又不見了！

他急忙問在場的小太監們，「喂！皇太子哪裡去了？」

史書上說，太監們「東西走」而「不對」，意思是說，大家一下子都消失了，沒人回答問話。

當場劉一景就傻了，他必須獨闖內宮，再設法奪回皇太子。

做得到嗎？

第 2 章

文攻武衛鬧大內

果不其然，葬儀一結束，皇太子朱由校回宮，就見李選侍派出一支特工隊，前來抓捕。王安與王體乾急率保皇派，將他團團圍在中間。

皇太子再次被李選侍綁架，劉一景萬般無奈，只好去找光宗皇帝的伴讀王安，請他出來幫忙。

於是，王安去見李選侍，忽悠說：「怎麼回事呢？是這麼回事，妳說這個朱由校吧，小兔崽子，他的出身不好啊，母親鐵定是鑽進皇宮的階級敵人，要不怎麼會遭到政權的鎮壓？可是話又說回來，他終究是皇家的老大，他不出面，也不妥當，是不是這個理？我的意思是，咱們先把他帶出去，忽悠忽悠外邊的朝臣，這事也就過去了。」

李選侍到底缺乏政治鬥爭經驗，一聽就上了當，命人從箱櫃裡把嚇得半死的朱由校揪出來，喝令他出去趕走群臣，然後再回來。

自打生下來開始，朱由校就像麵團一樣任由李選侍橫切豎弄，對這狠娘們兒怕到了極點，哭哭啼啼跟在王安後頭，一塊出去。

二人出了門，李選侍突然醒過神來，大叫：「哥兒回來！哥兒回來！」

十六歲的朱由校，一如聽到母狼召喚的小綿羊，淚水都不敢流，乖乖地掉頭就往回走。幸虧王安反應神速，不由分說，一把掐住他的脖子，倒背起來，撒腿向宮外跑。

李選侍大怒，「反了反了，這還無法無天了呢！左右與我拿下！」

宮中太監發出吶喊，手操木棍，兇惡地追過去。但由於王安也是太監，而且地位極高，小太監們只敢高聲吶喊，不敢眞的將他打倒在地，終是讓他慌不擇路地衝出皇宮，將皇太子移交給了劉一景。

老臣楊漣這時匆匆趕到，叫過王安，吩咐道：「王公公，這樣下去不行啊，你馬上回宮，嗯，就找司禮太監王體乾，召集忠於皇太子的太監們，成立一支鐵血親衛隊。否則的話，等一會兒太子一回宮，還不得讓李選侍那狠娘們兒給生啃了？」

王安應諾，立即回宮，和司禮太監王體乾組織成立了保皇派。

果不其然，葬儀一結束，皇太子朱由校回宮，就見李選侍派出一支特工隊，前來抓捕。王安與王體乾急率保皇派，將他團團圍在中間，並高呼口號：「要文鬥，不要武鬥，誓死捍衛皇太子！誰反對皇太子就打倒誰！」

抓捕皇太子的太監們也不甘示弱，回以口號：「造反有理，革命無罪！拳打腳踢，文攻武衛！」一邊吶喊著，一邊拋磚擲瓦。現場但見棍棒飛舞，瓦片狂飛，宮女們興奮地伸長了脖子替雙方吶喊助威，場面熱鬧非常。

宮中打成一團，口號聲震天。

宮外邊同樣是紅旗飄飄，人山人海，朝臣們排成整齊的方隊，齊聲高喊：「要文鬥，不要武鬥！誰是我們的敵人？誰是我們的朋友……」

如此整整折騰了一整天，嚇得朱由校哭成了淚人兒，最終還是保皇派取得勝利，沒有讓他被抓走。

目睹兩派武鬥，李選侍落下難過的眼淚，「人心散了，隊伍不好帶了。」

爲求顧全大局，息事寧人，她被迫做出讓步，命人傳話說：「朱由校，你個小王八蛋長大了，翅膀硬了，敢不聽老娘的話了。行！老娘也不跟你計較，樂意去當皇帝就去當，但有一條，你必須每天早上到我床前來給我磕頭，還要替我倒尿罐。」

衆臣聞之，勃然大怒，「這誰家的老娘們兒？瘋了不成？居然想到讓皇帝給她磕頭倒尿罐，她以爲自己是誰？」

李選侍又落下傷心的淚水，「花喜鵲，尾巴長，找到了親爹不認後娘。也罷，爲了顧全大局，我再做出一次慘烈的犧牲，皇帝就讓朱由校那個王八蛋做好了，但有一點：以後國家的大事小事，必須要我說了算，各地的奏章，只有我才有權力批閱。」

大臣們斷然拒絕，「天下者，是我們的天下……不是，是姓朱的天下，連我們這些治理國家的人都沒資格碰一下。妳個老娘們兒跟著添什麼亂？不允許！」

連續數次讓步都無法取得支持，李選侍急了，「外邊這些老頭是怎麼回事兒啊？他們怎麼就這麼不明白道理呢？我這樣做，也是爲了天下，爲了百姓啊！到底是誰在搗亂破壞？什麼？是一個叫左光斗的怪老頭？這事好辦，給我派一支神風特攻隊，幹掉那壞蛋老頭！」

一群小太監衝出宮來，手持木棍，團團將左光斗圍住，「左老頭，別吱吱歪歪了，跟我們走吧！你無權保持沉默，你說的任何一句話，都將是呈堂證供。」

「我呸！」左光斗怒不可遏，「老子是堂堂的朝廷大員，位列三公。你們一不是刑部執法人員，二不是錦衣衛特務，有什麼資格法辦老子？」

小太監們有點上火，「左老頭，你別難爲人，我們也是奉命行事。」

「奉你娘的命！你們的職責就是在宮裡端夜壺、捧尿罐，什麼時候輪到對老子吆吆喝喝了？」

眼見得朝廷上的老頭們同仇敵愾，氣勢洶洶，小太監們萬般無奈，灰溜溜地退回宮中，抓捕失敗。

第3章

宮裡有個釘子戶

李選侍聲稱要當大明帝國的釘子戶，打死不搬遷。楊漣和左光斗就號召宮裡的小太監們往乾清宮裡扔磚頭，打得她欲哭無淚，不得不悻悻搬走。

抓捕左光斗失敗，李選侍從此落入下風，她所率領的太監造反縱隊，在權力的規範面前處處碰壁。傷心欲絕之下，她提出和談的請求，讓皇帝立即過去。

朱由校已經養成對這女人絕對服從的奴性人格，接到命令，馬上就要走，被左光斗急忙攔住，「要警覺敵人的假和談，看清戰爭的本來面目，還要注意到我方已經從戰略防禦轉爲了戰略進攻。現在，是發動攻擊的時候了。」

怎麼個攻擊法呢？

太簡單了，命令李選侍這娘們兒立即搬家。妳誰呀？竟然大模大樣居住在乾清宮裡，那是不明身分的人居住的地方嗎？

讓她搬到收容站去！

「什麼？讓我搬收容站去？」李選侍一聽就火了，「朝廷這是怎麼了？難道朝堂之上，袞袞諸公，就沒有一個敢於站起來，發出正義的呼聲？」

果然，內閣首輔方從哲站了出來，說：「我堅決反對一小撮別有用心的人。皇帝的屍骨未寒，居然就要將皇帝的女朋友轟出宮去，你們還有沒有一點人性？知道不知道尊重婦女？我認爲一個文明的人、一個有教養的人，這時候應該做的事情，是堅決維護李選侍的合法權益，把皇太子朱由校交給她來管理。同時，我們大家都該在她的帶領下，團結奮鬥，協力同心，奔向美好的明天。」

「我呸！」左光斗氣得鬍子發顫，狠狠唾了對方一臉，「老方，你是老糊塗了，還是真的別有用心？李選侍這個女人，說到底不過是皇帝的女朋友。皇帝的女朋友多了去了，沒有一千，也有八百，如果輕率地把國家政權交給這些人，那我們豈不成了二奶國？」

方從哲訕訕地說道：「二奶國也沒啥不好，二奶畢竟是領導們最喜歡的一種動物……」

「滾！」楊漣、左光斗吼開他，乾脆自己另組班子，堅決扶立太子朱由校登基。

史書上說，從光宗皇帝死掉，到朱由校這個破孩子坐上龍椅，隔了六天時間。短短的六天，朱由校三次被李選侍綁架，又三次搶回。宮裡的小太監十餘次衝出大內，大戰朝臣。此外，宮中還爆發了十幾場武鬥，多名太監和宮女因此負傷。

《明通鑑》上的記載更是慘烈：是時宮府危疑，漣與一景、嘉謨定大事，言官唯光斗助之，餘悉聽漣指，鬚髮為之盡白……意思是說，當時朝臣全都沒有主意，就聽楊漣指揮，奈何此事所帶來的心理壓力過於強大，短短的六天裡，他滿頭滿臉的黑髮黑鬍子，統統變得雪白。

看過這等慘烈的階級鬥爭，才知道寸心焦慮，的確可以引發生理上不可思議的變化。

正所謂樹欲靜而風不止，階級敵人是不甘心承認失敗的，做夢都在想著捲土重來，奪回他們的天堂。

那李選侍先是聲稱要當大明帝國的釘子戶，打死不搬遷，楊漣和左光斗就號召宮裡的小太監們往乾清宮裡扔磚頭，打得她欲哭無淚，不得不恨恨搬走。但臨走之前，還帶走許多私人物品，此事又引發一場混亂，大臣們聲稱她偷盜國家財物，她手下的太監造反派則放出消息，說她已經被逼得上了吊，她生下的女兒皇八姐也投了井……總之是眞眞假假，聽得人們血脈賁張，興奮莫名。

再接下來，朝臣中支持李選侍的勢力忽然大舉進攻。大明帝國知名才子御史賈繼春發表對外聲明，聲稱朝臣缺乏人道主義精神，以殘忍的手段強迫一名弱女子搬遷，這等無恥行爲有違社會公義，不符合普世價值觀。

賈繼春才名滿天下，是個很有影響力的人物，他一發話，大臣們立馬分裂爲兩派。一派堅持人道主義，認爲應該滿足李選侍那微乎其微的利益要求，就讓她來管理大明帝國好了。不讓她管，萬一她心情不爽，氣出病來，豈不是讓天下人齒冷？另一派別想當然爾就是保皇派，仍然是以楊漣、左光斗爲首。這一派別的人士頭髮全都急白了，卻無法應對對手的人道主義訴求，無奈之下，乾脆唆使剛剛登基的朱由校出面擺平。

就看朱由校登上龍椅說：「我作證，李選侍這個女人，打死了我媽媽。」

「胡扯！」只聽一聲怒吼，內閣首輔方從哲憤然出列，「皇上，你他媽的什麼意思？你剛才說啥？你竟然敢說李選侍那個可憐的弱女子打死了你媽？你他媽的再說一遍給老子聽聽！」

朱由校嚇壞了，眼淚奪眶而出，「我說的……都是眞的……」

「胡說八道！藥可以亂吃，話可不能亂講。皇上，你說李選侍打死了你媽媽，可她在你家的工作職位，頂到天也只不過是個小保姆。小保姆敢打死你媽，那你爹當時幹啥了？是跟著一塊打，還是在一邊吶喊助威？」

「這個……我爹他當時……確實是和小保姆一塊打我媽的。」

「陛下，這話你也敢亂說？要是讓天下人知道了，你這個皇帝還怎麼做？」

「那這事……」

「聽我的，就算了。」

「算了？」

「不算了還怎麼著？難不成你還要劈開棺材，將你爹繩之以法？」

「那就算了吧！」

到了這句算了吧，大明帝國最熱鬧的搬遷案——正史上的說法叫移宮案，就此畫下亂七八糟的句點。

第 4 章

奴隸是怎麼煉成的？

狗需要主人，楊漣、左光斗卻不明白這個簡單的道理。他們懂得將李選侍趕走，卻不懂得幫皇帝找一個新主人，從而導致了自己和整個帝國的悲劇。

朱由校在狠娘們兒李選侍的調教下，長到了十六歲。這十六年以來，她必然是絞盡腦汁，想盡辦法，翻遍了古今的教育參考書，下定決心，排除萬難，一心一意地要把朱由校培養成廢物。

單從朱由校任職期間的表現看，李選侍的教育方法，相當成功。

先來看看她到底把朱由校調教成了一個什麼樣的怪孩子？

- 姓名：朱由校
- 出生：一六〇五年
- 出生地：北京
- 生肖：蛇
- 血型：不詳
- 身高：一百六十八公分
- 體重：四十五公斤
- 相貌特徵：驚懼，惶恐，眼神不敢與人相接
- 特長：工藝及木工技術

・社會關係：

父親：光宗朱常洛

母親：王氏

妻子：張氏

有兒子三人

十三歲：小保姆李選侍入宮，見朱由校生母王氏爲皇太子妃，表示強烈抗議，要求虐待，朱常洛許之。

十四歲：李選侍虐死皇太子妃王氏，轉而虐待朱由校。

十六歲：朱常洛登基爲光宗，小保姆李選侍大鬧後宮。二十九日後朱常洛死，小保姆綁架朱由校，與群臣對峙。又不多時，名臣楊漣、言官左光斗率朝臣大戰太監，力扶朱由校登基，逐李選侍出宮。

十七歲：朱由校封乳母客氏爲奉聖夫人，客氏的情人魏忠賢正式走入歷史。與此同時，後金攻明，陷瀋陽、遼陽。

十八歲：遼東經略熊廷弼兵潰。

十九歲：朱由校於宮中開內操，率太監練兵，鉦鼓之聲震內外。

二十歲：東林黨人向魏忠賢發起攻擊，未果。

二十一歲：東林黨全軍覆沒，楊漣、左光斗下獄，拷掠而死。

二十二歲：明寧遠道袁崇煥以火炮擊斃後金努爾哈赤，大明再興冤獄。

二十三歲：袁崇煥再度擊潰後金，魏忠賢聞之大怒，免其職。也在同年，朱由校卒。

如此短暫的一生，告訴我們兩件事：

第一：朱由校不幸在人格形成的十四歲這年的節骨眼上，遭逢到小保姆李選侍、父親朱常洛的虐待，且目睹生母死亡，導致非常可怕的奴性人格出現。

第二：奴性人格的特點，就是對強勢卑躬屈膝，對弱勢嗜殺無度。

大臣楊漣和左光斗不明白他這種心理特點，硬是拿他當正常人，結果讓魏忠賢鑽了空子，以威權加之。朱由校立即屈服，從此導致魏閹禍國，大明王朝勢無可擋地走向死亡。

李選侍這娘們徹底毀滅了大明帝國的希望，她居然將朱由校調教成了狗——舉凡是狗，必然需要主人。她處心積慮地調教出一隻好狗，卻慘遭楊漣、左光斗等驅逐出局。

或許她留下來主持國政，也不是太糟糕的選擇，難道她能夠比魏忠賢更壞？狗需要主人，楊漣、左光斗不明白這個簡單的道理。他們懂得將李選侍趕走，卻不懂得幫皇帝找一個新主人，從而導致了自己和整個帝國的悲劇。

話說回來，那魏忠賢又有什麼本事？他是如何發現朱由校的奴性人格，並替代李選侍成爲小皇帝的新主人？

第5章

神秘僧人

此去，李進忠投奔了四川稅務局的太監局長丘乘雲。老丘大喜，帶他進入一間屋子，在外邊嘩啦一聲把門鎖上。好狠心啊！居然想活活餓死人家！

魏忠賢，此人的來歷同樣籠罩在一團迷霧之中。

據《明通鑑》記載，北京城中，忽一日出現一名道士，渺一目，跛一足，且走且歌：「委鬼當頭立，茄花滿地紅……」

這首怪歌，好多年不解其疑，直到大明的末代皇帝崇禎出場，人們才偶然想起來，原來委鬼便是魏字。而道士出現在北京城的那一天，正有一個名叫李進忠的人，喀嚓一聲割了自己的卵蛋，毅然決然地入宮去。

欲練神功，必先自宮。若不自宮，斷難成功。

於是，李進忠入了宮，被分配去打掃庭院，屬於太監社會階層中最下一等的。撅著屁股掃地之時，宮裡任何人，只要心情不痛快，都可以走過去，照準他的屁股，啪唧就是一腳。

就這樣，李進忠被不知多少人踹過，屁股紅腫發炎，不由悲傷地說：「即使自宮，也難成功，早知如此，我何不出宮？」一個月黑風高之夜，果真扔了掃帚，翻越宮牆，一口氣逃到四川去。

此去，他投奔了四川稅務局的太監局長丘乘雲。老丘大喜，帶他進入一間屋子，在外邊嘩啦一聲把門鎖上，然後吩咐左右說：「屋子裡的人，乃從宮裡逃出來的在職公務員。不管他怎麼叫喚呼救，你們誰也不要理，更不許送水和食物給他。」

好狠心啊！居然想活活餓死人家！

話說丘局長把李進忠關了起來，興高采烈地回去，突見前面走來一位和尚，「阿彌陀佛，善你娘了個哉的，請問是丘局長嗎？」

老丘很是吃驚，「禿驢，你是怎麼進來的？」

和尚笑道：「貧僧法號秋月，正自雲遊天下，聽說你要餓死李進忠，此事可確實？」

老丘更驚，「我……我為什麼要餓死李進忠？」

「是啊，你為什麼要餓死李進忠？」

「他……和尚，說明你的來意吧。」

「小衲也無什麼來意，只是想替李進忠求個情。此人生死，關乎國運氣數，還望丘局長打開門，放他出來。」

史書上說，經過神秘的秋月和尚再三說情，丘乘雲終於同意放人。李進忠出來，就見和尚遞給他一張紙，「這是小衲替你寫的求職推薦信，你拿著這個再回宮去，保你一路順風。」

不辭辛苦地從四川回到北京，拿出那封推薦信來，果然不錯，他很快得到重用，調到文件管理府房，再也不必受人欺凌。又過不久，他回應小保姆李選侍的號召，率先於宮中扯起旗號，組織造反縱隊，曾經率領一夥小太監，大戰名臣楊漣，又曾狂追朱由校的車子，嚇得堂堂太子哇哇直哭。

又不多久，他遇到光宗伴讀王安的手下魏朝，索性藉著這機會恢復了自己原來的名姓：魏忠賢，並以同姓為契因，與對方拜了把子。

緊接著，他向把兄弟魏朝的女朋友，展開了凌厲的愛情攻勢。

等一下！魏朝是太監……太監也可以有女朋友？

年輕，沒有什麼不可以！

太監和宮女結為情人，乃宮中的時尚。有句話是怎麼說的來著？不想睡宮女的公公，不是好公公。別不相信，那時就是這麼個情況。魏朝是王安身邊最得寵的人，所以他的女人，也是宮中最有品味的——皇帝朱由校的乳母，客氏。

又一個了不得的女人，終於出場。

史書上記載，客氏的乳房豐盈如玉，面如桃花美艷，十八歲時入宮，替朱由校餵奶……現在我們要問一句：當朱常洛夥同小保姆李選侍，聯手虐死朱由校的生母時，客氏在其中起到什麼作用？

很清楚的一件事情是，虐死朱由校生母的過程中，客氏應該一直站在旁邊看熱鬧。她只是奶媽，不敢跟正得寵的小保姆爭，但內心很清楚眼前都發生了些什麼。小保姆李選侍費盡心血將朱由校培養出奴性人格時，客氏必然是她最得力的助手，不然也不可能活到現在。

也就是說，小保姆李選侍被朝臣逐走後，朱由校就落入了客氏手中。

倘若她有野心，飛起一腳踹塌大明，也不是什麼難事。但是，她只是渴望著太監愛情的正常女人，所以，誰能夠贏得她的心，誰就等於成爲朱由校的新主人，從此橫行天下，海內無雙。

那時的魏忠賢，是否清楚這些複雜的內情，不得而知。但不知道又有什麼關係？女人嘛，弄到手的是越多越好，越有名氣的，自然越有味道——此乃普天下太監們的人生目標，魏公公又何能例外？

第 6 章

滅亡帝國的禍魁

王安乃皇帝的伴讀，無論是光宗時代，還是熹宗朱由校時代，都出了不少的力。但出再多的力也沒用，主子腦子都有毛病，他出力越多，罪狀反倒越嚴重。

事實上，小保姆李選侍精心調教朱由校時，乳母客氏也沒有閑著。有一本書，叫《甲申朝事小紀》，裡頭寫著：道路傳謂，上甫出幼，客先邀上隆寵矣。意思是說，早在朱由校眞正進入青春期之前，客氏就把這少年仔給放翻，強行佔有了他。

這個傳說，九成九是眞實的，因爲此後朱由校對於客氏所表現的信任與依賴，完全是非理性，無條件的。這種喪失理性與思考的信任，如若缺失了兩性關係的支持，絕無可能產生。

朱由校等於把整個國家交付給了客氏，這當然可以從奴性人格解釋，但再配合他的個人愛好與習慣看，事情明顯不大對頭。

衛艷陳娥鎖翠樓，君王深夜擁珠球。

玉顏妒殺春燈影，只照歡娛不照愁。

這首詩，說的是朱由校是個思想品德兼優的好青年，漫步宮中，一任無數美少女對他搔首弄姿，苦求承歡，但見他將身上的衣服一脫，赤裸著身體，衝入木工房中，劈哩啪啦地幹起木工活來……

這表現，哪裡像個男人？

事實上，小保姆李選侍將其生母活活虐死，此一事件徹底摧毀了朱由校。內心深處，他對女人充滿恐懼，男性性功能遭到毀滅性打擊。唯有在客氏的呵護與幫助下，才能夠在自己身上發現作爲男人的威風與樂趣。此外，還要考量到朱由校的自我人格在十四歲形成時，客氏借助小保姆李選侍的淫威，趁虛而入，將之佔據——無論是哪一種情況，都決定了倒楣孩子在劫難逃。

回過頭來說，魏忠賢趁拜把子兄弟魏朝打盹之際，出其不意地搶佔了把兄弟的鋪位，睡在了客氏的身邊。對此朱由校沒啥感覺，他並不是個男人，同時也不認爲魏忠賢還算個男人，兩個不是男人也不是女人的人，有必要爲了女人鬧事嗎？

朱由校沒感覺，魏朝卻大爲憤懣！媽的，自己的拜把子兄弟，睡自己的女人，這豈不是……憤怒之下，他大聲斥責對方忘恩負義，過河拆橋，霸佔把兄弟女人的無恥勾當。

魏忠賢也不甘示弱，臉紅脖子粗地吼回去，「老子愛她，愛是無罪的，是最美麗的，我和她是兩心相印的……」

爭執越來越激烈，吵到最後，乾脆找到朱由校那裡去，「皇上，你給老子評評理，他居然敢搶我的女人！」

兩個太監搶一個女人，朱由校興奮莫名，說道：「我們一定要公開公正公平，不能夠黑箱操作的。那什麼，你們爭執不下，就讓客氏自己來吧！她挑誰，就是誰了。」

客氏來了，臉紅紅地一指魏忠賢。

「好！」朱由校一錘定音，「現在我宣佈，魏忠賢獲勝！」

此言一出，魏朝大駭，他太瞭解把兄弟的厲害了，當下更不猶豫，出宮而逃，甚至連名字也改過了，不敢再叫魏朝，而是叫王國臣。

可惜改了什麼名字都沒用，群眾的眼睛是雪亮的，他一口氣逃到薊縣北山寺中，不多久就遭到揭發檢舉，扭送獻縣公安機關。途中魏忠賢派來的人趕到，掐住他的脖子，用力一扭……

嘎崩！世界，安靜了。

下一個，輪到宮裡地位最高的大太監王安。

說過了，此人乃皇帝的伴讀，無論是光宗時代，還是熹宗朱由校時代，都出了不少的力。但出再多的力也沒用，他效忠的主子，個個腦子都有毛病，都被宮裡的狠娘們兒培養成了變態狂，他出力越多，罪狀反倒越嚴重。

但王安在宮中勢力極大，想要打掉他，也不是那麼容易。

這難不住魏忠賢，他吩咐客氏，「馬上任命王安爲司禮監掌印。」

客氏聽話地回去吩咐朱由校，「馬上任命王安爲司禮監掌印。」

於是朱由校乖乖發佈聖旨，任命王安爲司禮監。

王安接到任命，激動地哭了，「果然是明君啊！不枉我提著腦袋保護他一遭。」哭完了，按規矩上書辭職，表示能力不足，不敢接受。

此時，朱由校應該繼續要求他出任司禮監，逼得他不得不嚎啕大哭且誠惶誠恐地接受任命。

卻在這當口，客氏又在魏忠賢的指示下發話了，「不可以，皇帝你還是回去幹木匠活吧，管這麼多閒事幹什麼？」

朱由校脫光衣服，鑽進了木匠房裡。而王安，很快接到皇上對他的辭職批准。當場他就呆了，「這……這是怎麼回事？不會是弄錯了吧？」

沒有弄錯！下一步是貶斥書——降爲南海子淨軍。

大惑不解的王安被押送到南海子，一到地方，立刻被關入一間空屋。餓了三天，打開門一看，他居然還活著，一夥小太監趕緊抬著裝滿泥土的麻袋進來，重重地壓過去。他大叫一聲，就此斃命。

幹掉了王安，魏忠賢的下一個目標：東林黨人！

第 7 章

跨越時代的民主鬥士

魏忠賢認為，這家姓朱的，沒一個好東西。東林黨人則認為，大明皇帝個個都是好樣的，不好也得好。現在來看看兩夥人，到底是誰的政治觀點正確？

魏忠賢的迅速崛起，暴露出集權的一個致命缺陷。

權力這東西，由社會等級構成，最上層只有皇帝老倌一人，最下端是數量龐大的民衆，中層則是協助治理國家的官僚集團。單只從人數上來講，整個社會呈現金字塔形，最頂端的人數最少，最下端的人數衆多。

這種型態，往往給不熟諳規律的人一種錯覺，好像底層民衆能很容易地推翻集權。可事實上，中國沿襲皇權制數千年，一次次浴火重生，全都無一例外地回歸到最暗惡的暴力政治宿命。所謂革命，不過是上層權力執掌者的換屆選舉而已，民衆永遠被壓制在最底層，千年之久也未能翻身。

何以如此？

這是因爲，權力，歸根到柢只是虛擬的影響作用，一種通過社會博弈關係運作的梯次體系。諸如皇帝之所以能夠駕馭群臣，說穿了就是因爲大夥黨爭不休，相互攻擊，任何一派都指望拉攏老闆的力量幹掉對方，由此形成皇帝的絕對性威權。

在社會底層，情況也差不多。民衆們之間的矛盾，遠大於他們與皇帝、朝臣之間的矛盾。鄰里之間，會因爲一壟地、一畝田而大打出手，甚且殺傷人命。私人仇怨紛爭不息，自然態勢的相互博弈，必然要造成權力的相對穩定——人們不唯需要權力當仲裁，更渴望權力能夠替自己主持公道。

魏忠賢雖只是太監，但他顯然對社會基本規律洞若觀火，甫一掌握權力，就悄無聲息地於朝臣中選擇親信，提拔重用。這對他來說，只是一件輕而易舉的事。

確認了親信數量漸漸上升，魏忠賢接著公開重用奸佞之臣，徹底改變朝臣的結構，讓以楊漣、左光斗爲首的賢臣陷入小人的行伍之中，再也沒有什麼樂趣可言。

於是，六君子之案暴發。

所謂六君子，指的是當時最有名的大臣楊漣、左光斗、魏大中、袁化中、周朝瑞與顧大章。此六人者，被錦衣衛捉入大牢，拷掠無度，逐一虐殺。

其中楊漣死得最慘，遭土囊壓身，鐵釘貫耳，死於非命。魏大中的屍體被塞入洞中，再掏出來時，已經零碎。

魏忠賢虐殺六君子，表面上的理由是正邪不兩立，但實際上，他與六人結仇已早。早在他還叫李進忠時，率小太監奉小保姆李選侍之命阻止朝臣入宮搶太子，卻遭喝斥怒罵，那時兩廂就結下了死怨。

不過，他與東林黨人誓不兩立的根本原因，還在於雙方的政見不同。

有什麼不同呢？

簡單說來，魏忠賢認爲，從明神宗朱翊鈞、明光宗朱常洛，再到現在的明熹宗朱由校，這家姓朱的，沒一個好東西。東林黨人則認爲，大明皇帝個個都是好樣的，就算不好也得好。皇帝嘛，豈有不好的道理？

現在來看看他們兩夥人，到底是誰的政治觀點正確？

好像是魏忠賢吧？

且慢！有什麼證據，能夠證明魏公公原來是位跨越了時代的民主鬥士？

有！

在魏忠賢的親切關懷和指導下，聽話的朝臣——此時他們的稱呼叫閹黨，公然平反了三大舊案：梃擊案、紅丸案及移宮案。

平反梃擊案的意思，是說神宗皇帝朱翊鈞不是個東西。

平反紅丸案的意思，是說光宗皇帝朱常洛不是個東西。

而平反移宮案的意思，自然是說現在的熹宗皇帝不是個東西了。

但這麼個搞法，明熹宗朱由校，他會同意嗎？

他完全同意。

史書上說，明熹宗聽說自家祖祖輩輩原來都不是玩意，高興地評價道：「這條本議，一字不差。」

腦子有毛病，鑑定完畢。

可不得不說，這廝雖然不正常，在這件事情上卻是正確的。魏忠賢儘管惡名千古，私德敗壞，但在平反三大冤案上，偏偏證明了他才是思維最正常的人。而東林黨人那邊，個個政治觀念落後、封建，麻煩的是，私德全都無可挑剔。

惡人們殘害善良的人，只爲了做一件正確的事。正直的君子慘遭虐殺，因爲他們堅持錯誤的思想不動搖。如此吊詭的歷史，讓人情何以堪？

糾結的時代，令明熹宗朱由校萬念俱灰，不由感嘆：「請允許我合上眼，切莫讓罪惡遮迷這清白的天。」

言訖，死之，時年二十三歲。

如此迅速地死去，是因爲他要逃避一個永世也洗不清的惡名——亡國之君。果不其然，這之後，榮譽當之無愧地落到了他的弟弟朱由檢身上。

相較於大明朝的歷任皇帝，崇禎的知名度之高，絲毫不亞於他的老祖宗朱元璋。

遺憾的是，他的名氣，卻是靠流寇李自成胡攪打出來的。說明白了，他就是個陪襯。沒有一點悲劇，如何襯托闖王的人生輝煌？

儘管崇禎皇帝的知名度超高，眞正瞭解他的人，基本來說，應該是一個也沒有。難道史學家們不瞭解他？

正是如此。歷史學家不是心理學家，更何況正牌心理學家也未必眞能瞭解崇禎皇帝，我們現在需要的是歷史心理學家。

怎麼會這麼麻煩？不麻煩，實際情況還要更麻煩。回顧崇禎充滿不幸的童年，你就會知道帝國的未來將是何等黯淡。

卷十三 枉然收拾舊河山

崇禎在外沒搞過滿清，
在內沒有搞過李自成。
活了三十多歲，
除了搞掉魏忠賢是個亮點之外，
其餘的時間，
都在向世人展示自己的笨拙和愚蠢。

第1章

恐怖的童年

這一天，小崇禎瞪著兩隻眼珠子，認真地觀察研究整個世界。突然匡的一聲，房門被人一腳踹開，就見殺氣騰騰的父親率領著小保姆，氣勢洶洶地闖進來。

崇禎皇帝，名朱由檢，是木匠師傅明熹宗朱由校的同父異媽弟弟。幼年與童年生涯之恐怖，堪稱世界之最。

他是明光宗朱常洛與第三任皇妃劉氏所生，和父親一家共同生活在神宗皇帝朱翊鈞那可怕的陰影之下。

到了他四歲的節骨眼上，我們知道，這時正當幼兒的第一次自我人格形成，從此，孩子將生出對這世界的全部認知觀念——這一天，小崇禎瞪著兩隻眼珠子，認眞地觀察研究整個世界。突然匡的一聲，房門被人一腳踹開，就見殺氣騰騰的父親朱常洛，率領著小保姆李選侍，氣勢洶洶地闖了進來。

「臭娘們兒！」小崇禎看到父親指著母親的鼻頭，這樣怒罵：「剛才是不是妳惹我女朋友了？」

「我……沒有啊……」小崇禎的母親嚇壞了，慌忙跪在小保姆李選侍腳下請罪，「保姆大媽妳大人有大量，愛和我老公幹啥就幹啥，我絕對不敢說一個不字。看在孩子的份上，放過我吧！」

「少來！」小保姆李選侍怒氣沖沖，厲聲叱道：「現在知道求饒，早幹什麼去了？不行，一定要狠狠地懲罰懲罰妳，讓妳知道現在家裡是誰說了算。」

「妳說了算，妳說了算，我們家裡向來是保姆說了算。保姆啊媽媽，妳用甘甜的乳汁，把我餵養大……」

小崇禎的母親必然苦苦哀求，拚命認錯，但無法打動李選侍分毫。父親朱常洛為了討取小保姆的歡心，居然毫不客氣地揪住她的髮髻，一腳將她踹到了門外。

接下來，小崇禎趴在門縫上，眼睜睜地看著自己的母親被活活凍死。也許他沒有看到，那更可怕，方才還溫柔慈愛的母親，轉眼工夫成為一具冰冷的死屍，這對四歲的孩子來說，意味著一生無法抹除的恐懼。

此後，他就在這種恐懼之中長大。陪伴著他的，是小保姆李選侍隔三岔五，隨心情而論，敲一頓腦殼或者打一頓屁股。即使沒有這樣的事情，家庭冷暴力也無處不在，形同滅頂之災。小崇禎生活在地獄中。

他所理解的世界，是這個樣子的：每一個人都仇視他、怨恨他、憎惡他，想盡方法地傷害他。與此同時，每一個人也相互仇視，彼此怨恨，相互憎惡並相互傷害。

但是不用多久，他要發現這種狀態的敵對與傷害，相對於成年人世界的種種，已是天堂般的令人懷想。

十一歲那一年，小崇禎親眼看到太監造反縱隊總司令李進忠，率領一夥太監們大戰闖入皇宮中的白鬍子老頭，並出宮追殺哥哥朱由校。堂堂太子嚇得魂飛膽裂，哇哇大哭。小保姆李選侍的淫威，公然壓垮帝國第一家族的未來希望。

不論是在朱由校的心裡，還是在小崇禎的心裡，改李進忠之名爲魏忠賢的這個人，都是極其可怕的存在。一個肥胖到了無以復加，滿臉陰沉詭笑的男人，只需要拈起一根小手指，就能夠像捏死螞蟻一樣的捏死他。

太恐怖了！這世界眞是太他娘的恐怖了！

然而，還有更恐怖的事情等在後頭——熹宗皇帝突然病危，召崇禎入宮。

第 2 章

更恐怖的開始

夜深了，崇禎坐在屋子裡，聽到門外風搖樹響，遠處的風鈴送出詭異的韻律，彷彿冤鬼於地下冥府發出的哭叫。兼以燭火搖曳，遠近只見鬼影幢幢……

西元一六二七年，正當十八歲的青年崇禎於魏忠賢那可怕的魔影之下瑟瑟顫抖時，哥哥熹宗朱由校忽然召他入宮。

史書上說，熹宗皇帝因爲一次性服食春藥過多，導致了全身勃起，皮膚繃得幾近透明——皇以淫藥蘊毒，馴至聖體浮仲。

他老兄緊繃在榻上，對崇禎說了，「兄弟啊，還記得老子是咋個說的來著？舌以柔則存，齒以剛則亡，可是宮裡的美女太多，都不喜歡哥哥的疲軟，都希望哥哥硬起來，結果哥哥硬過頭了，看來以後該輪到你來玩了。記住當哥的一句話，以後就跟著魏忠賢公公混，魏公公說東，你不要往西，魏公公指狗，你不要攆雞，要旗幟鮮明地團結在以魏公公爲核心的朝廷周圍，他指在哪裡，你就砍到哪裡，包你吃不了虧。」

崇禎一聽，嚇得魂飛膽裂，當場放聲大哭，苦苦哀求道：「你放我回去吧！放我回去吧！我害怕……害怕……」

正哭著呢，魏忠賢過來了，笑瞇瞇地拍了拍他的頭，「怕了？怎麼這麼沒出息呢？以後要是有人敢惹你，記得報我的名字。」

說話間，明熹宗的身體再度勃起，只聽一聲脆響，竟然綳開了包裹在外邊的皮膚，大叫一聲：「爽歪歪也！」就此一命嗚呼。

饒是崇禎千不情，萬不願，但死翹翹的熹宗有遺詔，讓他以後跟著魏忠賢混，想不答應都不成。

很快的，魏公公派了手下馬仔來，叫他入宮，「小檢子，快點跟老子走，別讓魏老大等急了。」

崇禎驚慌失措地跑步跟上，陪笑道：「這位兄弟，你媽貴姓？」

那馬仔道：「老子叫涂文輔。看你這個傻樣，以後多學著點。」

「是，是，還望您多多照顧。」

二人進宮之後，涂文輔找了間空屋子，往裡邊一指，「進去待著，不許到處亂走。我可告訴你了，這是皇宮，除了魏老大，誰都不許亂走亂動。」

崇禎仍是點頭哈腰，老老實實地鑽進小黑屋子去。

史書上寫到，涂文輔將新皇帝丟在小黑屋子裡後，就去陪女朋友逛街買鑽戒去了，早把正事給忘到了腦後。結果整整兩天兩夜，崇禎待在裡邊，動也不敢動一下，更沒有一個太監或是宮女過來看他一眼。事實上，此時的宮中，根本沒人對他感興趣，魏公公才是當仁不讓的老大。

史書上還說，可怕的兩天兩夜裡，崇禎壓根不敢食用宮裡的食物，怕是有人下毒。可實際情況不然，那當口，他不過是案板上的羔羊，只有任魏忠賢肆意宰割的義務，沒有吃拿卡要的權力。更何況，壓根沒人想到給他送吃的來。

史書上又說了，崇禎吃的，是自己偷偷帶進宮裡來的食物。這個倒不是瞎說。幼年時期，他經常被小保姆李選侍無故餓飯，應該很早就養成了偷食物的好習慣。不偷點東西吃，只怕早就餓死了。

所以呢，可怕的四十八小時裡，崇禎吃的是他以前偷的零食。

偷吃了點東西之後，又老老實實地坐回原地，等著看老大打算怎麼擺弄自己。

等啊等，等了整整一個白天。

等啊等，等了整整一個晚上。

夜深了，崇禎坐在黑漆漆的屋子裡，因爲過於恐懼，忍不住走到桌邊，摸著蠟燭點起來，不想那黯淡的燭光，更讓他心寒膽裂。再聽到門外風搖樹響，遠處的風鈴送出詭異的韻律，彷彿冤鬼於地下冥府發出的哭叫。兼以燭火搖曳，遠近只見鬼影幢幢。他之所以沒當場嚇死，只是因爲小時候經常被小保姆李選侍關禁閉，又或是推到黑暗之中罰站。從情理上說，膽子早已嚇成了麵糊，一輩子都不會再有勇氣面對現實，但眞要嚇死他，好像也不是那麼容易。

恐怖的夜晚過去了，然後又是一個白天，以及一個夜晚。

奇怪！魏忠賢這廝去哪兒旅遊了？怎麼兩天兩夜，都不見他的動靜？

史書信誓旦旦地聲稱，此時的魏忠賢，準備了十幾套篡位方案，但發現崇禎此人比較缺心眼，讓他待在屋子裡，他就眞的一動也不敢動，明顯的腦子有毛病啊！既然如此，倒也不著急幹掉……

這個記載，百分之百是在栽贓。魏忠賢確實不是什麼好人，但篡權奪位這種工作，不是他能夠幹得出來的。想想，此人能夠以九千歲之名淫威天下，殺戮橫行，說穿了就是因爲腦子比別人稍微聰明一些。聰明的人，豈能不知道權力自有其法統之說？崇禎坐在龍椅上，天下百姓都認同，可誰會認他姓魏的一個太監？

權力因追隨者而形成，俗話說的爪牙便是。一旦沒人承認，便要蕩然無存。這個道理，魏忠賢比誰都明白。

既然如此，魏公公爲什麼不快點過來，哄著崇禎登基，也好繼續把持權力？

歷史眞要說透了，太傷人。他正在替崇禎的哥哥朱由校守靈呢！不管此前用過何種方式玩弄這個死皇帝，但雙方的信任，眞是毫無保留的。熹宗之死，帶給他的絕望，絕非蹲在黑屋子裡擔驚受怕比擬得了。

總而言之，言而總之，魏忠賢的這點感情，注定了他在劫難逃。

話說崇禎正在小黑屋子裡蹲著，忽然看到遠處有個小太監，拿著一把劍經過，當下壯起膽子，招呼對方，「哈囉！兄弟，你過來一下。我先自我介紹，我就是新繼位的皇帝。是這樣的，能不能把你手裡的劍，借我用用？」

小太監一聽，大爲詫異，心說新皇帝怎麼躲在這地方？顧不上多想，趕緊跪下，雙手將劍呈上。誰都沒有料到，正是這個象徵著絕對臣服的姿勢，讓崇禎如受雷擊，霎時間有所覺醒！

第3章

地裂天崩開新朝

崇禎皇帝登基時遭遇的詭異恐怖事件，直到今天，人們都無法確定是什麼造成的。地震？海嘯？會不會是未來時代的哪枚核子武器，一不留神穿越了時空？

伸手抓過小太監呈上的劍，崇禎終於醒過神來。對啊！我是皇帝，別人見了我，應該害怕得跪下才對。要不再試一試……

他進行了生平頭一遭的權力試水，「傳旨：今天晚上宮裡凡值夜班的兄弟，每人發一瓶酒、兩塊肉。」

宮中歡聲雷動，數不清的小太監拿著酒肉跑過來謝恩，「吾皇陛下萬歲，謝陛下恩賜酒肉。我靠！皇上你真他媽的太夠哥們兒意思了！說吧，皇上，你丫有啥吩咐，看哥們兒替你擺平。」

崇禎哭了，「其實我也沒啥想法，就是想知道……怎登基呢？」

聞言，早有一群司禮太監蜂擁撲了過來，七手八腳捉住他，剝除了身上的舊衣服，套上一件威風凜凜的龍袍，扶著出了內宮，來到金鑾殿。

文武百官早被機靈的小太監們叫了來，都在下面跪成一片，口中只管亂叫亂嚷：「吾皇萬歲萬歲萬萬歲……」

轟！

正喊著呢，猛一聲巨響，震得百官霎時間臉色慘白。

啥動靜？

不曉得，但崇禎登基時的異相，史書上可是記載得津津有味：

忽有聲如吼，從東北方漸至京城東南角。灰氣湧起，屋宇動盪。須臾，大震一聲，天崩地塌，昏黑如夜。東自順城大街，北至刑部街，長三十四里，周圍十三里，盡為齏粉。屋以數萬計，人以萬計，王恭廠一帶糜爛尤甚，殭屍蕩壘，穢氣熏天，瓦礫盈尺，飛舞街道，門戶毀裂一空。城中即不被害者，屋宇無不震盪，狂奔肆行之狀，舉國若狂。像屋震倒，群象亦俱逸出。遙望雲氣，有如亂絲者，有如五色者，有如靈芝黑色者，沖天而起，歷時方盡。

長安街一帶，時從空飛墮人頭，或眉毛和鼻，或連一額，紛紛而下。大木直飛至密雲，石駙馬街五千斤大石獅子飛出順城門外。

所傷男婦，俱赤體寸絲不掛，衣服俱飄在西山，掛於樹梢……（皇宮內）焚房屋一百三十間，宮中獸頭衝下，打死內宮三人……

以上就是崇禎登基時遭遇的詭異恐怖事件，直到今天，人們都無法確定當時究竟發生了什麼。地震？不像。海嘯？不挨邊啊！會不會是未來時代的哪枚核子武器，一不留神穿越了時空，丟到了皇帝家裡來？

沒人說得清楚，但所有人都嚇壞了——不，不能說所有人，至少有一個人，他沒有感覺到絲毫害怕。

誰呀？膽子居然這麼大！

沒有感覺到害怕的，就是——崇禎皇帝朱由檢本人。

爲啥不害怕？

史書上解釋說，夫陛下者，天下最有智慧的動物也，山崩地塌之時，別人會感覺到害怕，陛下則泰然處之……

這個解釋是十足十的瞎掰。事實上，他沒有感覺到害怕，是因整個人正處於極度的恐懼與亢奮中，隱隱約約的有一種感覺，好像魏忠賢並不是大佬，眞正的大佬是自己，但又不敢太過自信，有些擔心魏公公會突然舉著切菜刀衝出來。回想十歲的那一年，他可是親眼看到魏忠賢大戰群臣，並追殺哥哥朱由校的，恐怖的印象太過於牢固，以至於攪亂了腦子。

換句話說，那當口的崇禎皇帝，所有的感覺器官就好像浸泡在沸水裡，耳邊只聽到咕嘟咕嘟，眼際中只看到迷霧茫茫。

所謂感覺，在水一方，若非逆流而上，難免亢奮迷惘。處在火熱狀態下，勢必會切斷與外界的通訊聯絡，能聽到山崩地塌的巨響，能看到漫天狂舞的石獅子，然而思維陷入僵滯，壓根不知道這是怎麼一回事。

眼裡不過一個目標：龍椅！

心裡不過一個念頭：權力！

除此之外，莫要說天崩地塌，就算是火星人來到，他也只會冷靜地問一句：「你媽貴姓？」

相比於權力和龍椅，其他刺激都太微弱了，根本不可能引發絲毫感覺。

砰！他的屁股，終於重重地壓在了龍椅上。下一秒，只覺得全身乏力，彷彿骨頭被人抽走，心裡湧現放聲大哭的強烈慾望。

終於坐在這裡了，魏忠賢那廝呢？怎麼還不出來砍我？

左顧右盼之際，忽有大臣出列，「皇上，跟你說件小事，邊關的將士們，已經好多年好多年沒有發工資了。」

發工資？這事對他來說非常之新鮮，「還要發工資嗎？我爹光宗皇帝在世的時候，不是曾經發過一次？」

群臣大慟，「我靠！陛下，從你爹到現在，整整八個年頭，八年了！陛下啊，八年前才發過一次工資，可是人天天都要吃飯哪！這八年以來，邊關的將士們，餓得眞的好淒慘，我聽說他們現在賣老婆賣孩子，還有的沿街乞討。誰他媽的給大明王朝當兵，那可眞是倒了八百輩子的血黴！」

「有這種事？那要不，咱們再補發一次工資？」

「陛下聖明，絕對的聖明！」臣子們歡聲雷動。

崇禎皇帝長長地舒了一口氣，這個皇帝，好像也不怎麼難當。

第 4 章

最不合適的人選

崇禎在外沒搞過滿清，在內沒有搞過李自成。活了三十多歲，除了搞掉魏忠賢是個亮點之外，其餘的時間，都在向世人展示自己的笨拙和愚蠢。

崇禎新政，終於開始了。

他能行嗎？

行不行，看看他的個人簡歷，這就全都清楚了。

- 姓名：朱由檢
- 曾用名：小檢子
- 出生：一六一〇年
- 出生地：北京
- 生肖：狗
- 血型：疑似B型
- 身高：一百六十七公分
- 體重：四十九公斤
- 相貌特徵：緊張，拘謹
- 特長：逃避
- 社會關係：

父親：光宗朱常洛

母親：劉氏

妻子：周氏

有兒子七人

五歲：眼見生父朱常洛率小保姆李選侍，聯手將生母趕到門外，把她活活凍死。

六歲：跟在小保姆李選侍身邊，主要工作是端盤子、倒茶水。

十一歲：父親朱常洛登基為帝，二十九日後離奇斃命。同年，宮裡爆發大規模群眾武鬥，魏忠賢率太監與朝臣交火。親睹哥哥朱由校三次為李選侍綁架，同時目睹魏忠賢持木棍追殺哥哥。而後，哥哥朱由校在群臣力爭下登基，逐小保姆李選侍出宮。

十二歲：哥哥朱由校逃入木匠房中，朝政大權落入魏忠賢之手。

十三歲：朱由校的皇后張氏因為不慎開罪魏忠賢，為宮監群起暴打，導致流產。

十四歲：魏忠賢發出最高指示：打倒東林黨人。

十五歲：邊帥熊廷弼被斬，傳首九邊，江夏知縣王爾玉搗毀熊家，並將家中兩名小丫鬟剝光衣服暴打。

十六歲：東林黨人覆沒，全數下獄虐殺。

十七歲：應人民一致要求，魏忠賢加封九千歲，全國各地修建生祠。

十八歲：哥哥熹宗朱由校服食春藥過量，死之。朱由檢登基爲帝，號崇禎。接著一舉打倒了以魏忠賢爲首的反皇帝集團，廣大人民深受鼓舞。

十九歲：陝西大饑，暴民張獻忠反，驛卒李自成亦反。

二十歲：皇太極率後金軍隊突襲北京城，袁崇煥急速往援，趁機將其下獄。另一方面，流寇李自成歸附闖王高迎祥，號闖將。

二十一歲：袁崇煥無罪剮死，民衆踴躍花錢購買其肉，食之。

二十五歲：闖將李自成被官兵俘虜，自首投降，後又叛。

二十七歲：皇太極造出滿清之名，從此後金改稱滿清。闖王高迎祥被俘虜，剮死。闖將李自成接替晉升爲闖王。

三十歲：官兵擊李自成於函谷，李自成大潰。

三十二歲：松山戰役爆發，明督師洪承疇迎戰皇太極，不敵，崇禎強迫進軍。

三十三歲：松山戰役，明軍大敗，洪承疇被俘三十四歲：潼關戰役爆發，孫傳庭力克李自成，崇禎強迫速戰，導致孫傳庭戰死。

三十五歲：闖王李自成陷北京，崇禎皇帝自縊於景山，大明帝國敗亡。此後，李自成強奪邊關悍將吳三桂之妾陳圓圓，並攻打山海關，吳三桂引清兵入關擊之，天下由此歸清。

看看！看看！崇禎果然沒有搞明白。在外他沒搞過滿清，在內他沒有搞過李自成。活了三十多歲，除了搞掉魏忠賢是個亮點之外，其餘的時間，都在向世人展示自己的笨拙和愚蠢。

但是話又說回來，無論笨拙還是愚蠢，我們都沒有理由責怪他。這孩子的人生，可謂由一連串的悲劇組成。就某種意義上來說，甚至遠比哥哥朱由校更爲不幸，人家至少還是皇長子，這個位置注定了要接受一些有關皇帝職責的教育和思考。而崇禎呢，若在登基之前琢磨過這事，那可意味著大逆不道，抽筋剝皮還算是輕的。

再者，從小保姆李選侍的手中活過來，這意味著他已將所有的人生智慧與精力，都消耗在了求生存的鬥智鬥勇上。治國？拜託，別難爲他了好嗎？

儘管如此，他還是義無反顧地趴在皇帝窩上堅持了十七年，不容易啊！哪怕越是折騰，國家越是完蛋，但他能夠堅守到李自成的流寇攻入北京城，眞的相當不容易。總之，崇禎之爲人也，遠非最迫切需要的人選。偏偏除了他，這個日漸衰敗的帝國，別無選擇。

第5章

夜攻崔家堡

錦衣衛瘋了一樣的踹門，崔呈秀理也不理，只管張燈結綵，羅列華衣美食，與嬌妻美妾興高采烈地狂飲。臨到天明，累得半死的錦衣衛總算是衝了進來……

卻說崇禎剛剛坐到龍椅上，就收到了魏忠賢的辭職報告，當下驚喜交加，如此說來，魏老大原來也害怕我？

他害怕，那就好辦了。

辭職報告先打回，不允許。他一邊好言好語地安慰著魏忠賢，一邊斜眼看著錦衣衛，心裡一個勁地打鼓：這夥子煞星，會不會聽自己的話呢？

正猶豫之際，忽然嗅到一股奇異的香味，頓覺身體不適，兩腿綿軟。定神一想，不由魂飛魄散，知道是怎麼回事了。

這香味，乃魏忠賢組織大明當時最優秀的生物科學家研製出來的，效果非常恐怖。男人聞了，女人受不了；女人聞了，男人受不了；男人女人都聞了，床受不了；埋在地下，地受不了……

當初明熹宗就是吃了這玩意兒，導致了全身勃起，繃裂皮膚而爽死。試想，崇禎聞到這東西，如何不膽顫心驚？

這種藥，身體正常的男人，若然嗅到，定要喪失理智，獸性大發。然而，新上任的皇帝不能算個正常男人。

不唯崇禎，還有他的哥哥朱由校，如他們這般，不懂事的時候就親眼目睹生母被人虐殺，而後自己落入虐殺者手中，被肆意蹂躪，任意宰割，性心理與性功能多少都要受到壓迫。倘使受到如此非人之殘酷虐待，還能夠保持正常的性心理與性能力，那讓於溫馨環境下長大的男人情何以堪？

所以，正常人嗅到這春藥的異香，會血脈賁張，呼吸急促，臉頰潮紅，手腳綿軟，智商迅速回落到史前時代。接下來，就是誤以爲自己是一隻發了情的公獸，四肢著地咆哮著到處亂跑，滿世界去搜逮異性。

可崇禎嗅到這味道，只覺得腸翻肚攪，耳鳴眼花，舌苔泛黃，兩眼淌淚……總之是處處不對頭。

強忍著腸胃裡那翻江搗海的難過，他叫來一個小宮女，問：「這是啥味？怎麼這麼難聞？」

小宮女當然知道這是什麼味道，見得皇上親自問她，頓時忸怩起來，臉頰泛起潮紅，「皇上，這個……是宮裡的老方子了，大家都知道的啦！」

啦個頭！崇禎全然沒有意識到，這個問題壓根不應該問女生，而且也沒發現人家的嬌羞，只冷冰冰地吩咐道：「去把管事的太監給我叫過來，我要讓他把這些爛東西，一次性全部燒掉！」

「什麼？皇上，你做一次要燒掉全部的淫香？」小宮女嚇壞了，掉頭飛也似地逃走。

逃走了也沒關係，他乾脆自己把管事的太監叫過來，讓對方立馬將全部春藥統統燒掉。做完這件大工程，他老兄就回房間睡覺去了。

群臣也各回各家，關起門來，跟老婆小聲嘀咕：「我看現在這個皇帝啊……他好像……有點……怎麼說呢？咱們命不好啊，沒有像他那樣打小就被人虐待，眞的揣摩不透他都在琢磨什麼……」

正說話之間，突聞外邊一連串驚天動地的砸門聲。

砸門之聲，發生在建設部部長——工部尚書崔呈秀的家門口。

守門家人急忙來報：「不得了！不得了！皇帝派了錦衣衛，拿你來了！」

「有這事？」崔呈秀哈哈一笑，「把門先關好，別忘了老子是工部的，專門搞建築，咱家門牆之堅固，說固若金湯，那可是一點也不爲過。要是裡邊的人不開門，外邊的人少了三兩時辰，甭想衝進來。不用理，讓他們在外邊砸，給老子張燈結綵，咱們興辦一個超級大派對……」

外邊的錦衣衛瘋了一樣的踹門，崔呈秀理也不理，只管張燈結綵，羅列華衣美食，與嬌妻美妾興高采烈地狂飲。

臨到天明，累得半死的錦衣衛總算是衝了進來，卻發現這一家子人，全都已經懸掛在屋樑上，成爲了一具具冰冷的屍體。

幾天後，朝廷發佈公告說，在崔呈秀家的夾壁牆裡，掏出來十幾個懷有身孕的宮女，經查證，她們都是在魏忠賢的指使下，把自己的肚皮搞大的。目的是什麼呢？原來魏公公打算先謀害新老闆，然後再說這些大肚子女人懷的孩子，全是前任老闆明熹宗的，這樣就可以名正言順地奪取國家政權……

上述之事，史書可是寫得有板有眼，完全當眞事來記載。可實際上，這番說辭純粹是胡說八道。

倒不是說魏忠賢不該死，而是他這個人再笨，也笨不到這份上。崇禎都登基了，才想起來找幾個大肚子女人？再有，這些女人的肚子，應該不是他親自搞大的吧？那些男人是誰？他們在哪兒？

確證魏公公死罪的「鐵證」，全然出於女性的無邏輯思維，無厘頭風格過於鮮明。試想，要是他眞想殺崇禎，幹嘛不直接弄來一個半大不小的孩子，權且冒充熹宗皇帝的種？非要臨渴掘井，人家都坐在龍椅上發號施令了，才想起來找幾個女人讓她們懷孕？眞的，再笨也笨不到這份上。

別懷疑，這個說辭，是崇禎自己杜撰的，目的在於找個好理由殺掉魏忠賢。之所以不用史書上記載的理由——亂權禍國，虐殺忠良，只因爲他是當時的局內人。局外人看他們的事情很明白，局內人卻相當懵懂，甚至根本無法確定魏忠賢到底有沒有罪。他只是想殺死此人，如此而已。

正是這件事，暴露出崇禎那典型的女人式無邏輯思維。

帝國正處於最爲艱難的時期，無厘頭風格的感性思維攪和進來，必然要讓局面變得更壞，直至壞到不能再壞。

第 6 章

其實我是女兒身

崇禎皇帝畏懼、軟弱及退縮時，由男性人格所主宰，表示為標準正宗的窩囊廢。而當咬牙發狠，要跟廣大人民群眾較較勁時，主宰他的，是刁鑽狡黠的女人。

如果說，明熹宗的身體裡，躲藏著一個木匠師傅。那麼，崇禎的身體裡，該是藏著一個刁鑽的女人。

這個女人是打哪兒跑出來的？

話又得說回小崇禎四歲的時候。他的生母因爲獲罪於家裡的小保姆李選侍，被生父朱常洛趕到門外虐殺，從此他就由小保姆撫養長大。從這一天開始，身邊的所有人，組成了虐待小分隊，每天變著法子蹂躪他。當時的小崇禎，求生不能，求死不得，而且根本無法理解這世界到底是怎麼一回事，爲什麼自己的人生之路，走得如此之痛苦？

於小崇禎而言，在人生成長的關鍵時期，遭遇到如此可怕的苦難，唯有選擇逃避。可是，他能逃往什麼地方？

心理學家告訴我們說，幼年時期遭受到暴力虐待的孩子，多數會形成完美的逃避機制，這種機制就是人格分裂。

沒錯，小崇禎逃避到了他分裂的另一個人格中。

分裂人格的形成，也與外部環境的壓迫和自身的心理需求脫不了關係。於他而言，被迫生活在女性的殘暴之下，當然會自然而然地認爲，這是由可怕的女人稱王稱霸的世界，男人要不就像他一樣生不如死，要不就像太監們一樣割除了雄性特徵，向統治世界的女人妥協。於是他會想：啊！倘若我也是個女人，那該有多好……

此念一生，萬劫不復。

崇禎皇帝的悲劇，在於當他畏懼、軟弱及退縮的時候，是由男性人格主宰的，顯示爲標準正宗的窩囊廢。而當他一旦咬牙發狠，要跟廣大人民群衆較勁的時候，主宰他的，是刁鑽狡黠的小女人。

看出來了嗎？崇禎體內藏著的女人，正是小保姆李選侍——天曉得這個狠娘們兒用了什麼手段，把自己的人格完整地搬到倒楣孩子的腦袋瓜裡。

中國道家有一種神秘的法術，稱之爲奪舍，意即靈魂出殼，奪取目標的身體，將其靈魂強行趕走，從此由自己佔據，並順道佔有對方的一切財產。這種黑魔法在當時顯得很是神秘，現在再看，卻很容易得到解釋，無非是將自己的人格移植到另一人的腦子裡，就如崇禎刻下的遭遇。

沒有記載表明李選侍對小崇禎動用了黑魔法，實際上也沒必要，她的主攻目標是朱常洛的大兒子朱由校。虐待小崇禎，導致這孩子腦子裡複製出一個私我人格，純屬摟草打兔子捎帶腳的收穫，想來她壓根就不知道自己還幹出了這樣一樁事。

但是，李選侍的人格於崇禎的身體裡鑽出來，差點活活嚇死魏忠賢。

想當年，魏公公還叫李進忠的時候，就是窩在李選侍手下，而且表現得忠心耿耿，爲了她，不惜親率皇家造反隊，與名臣楊漣決戰於紫禁之巔。爲了她，不惜咬牙發狠，手持切菜刀狂追熹宗朱由校。他從不認爲自己是皇家的奴才，恰恰相反，風格明快而麻辣的小保姆李選侍，才是他眞正的老闆。

這就解釋了明熹宗爲何會將國政大權交給魏忠賢。說穿了，只因爲此人被小保姆精心調教成了小奴才，並順理成章地養成對在李選侍面前地位較高的魏公公的臣服與崇拜。

一個狠女人，害慘了大明帝國。

現在，這個女人突兀地從崇禎體內鑽出。別人都缺乏感性認識，沒啥感覺，魏忠賢卻眞是嚇慘了。再沒有人比他更熟悉小保姆李選侍的行事風格，更何況他對這個女人充滿了敬畏與崇拜，眼見得她從皇帝身上鑽出來，第一個想法就是：壞菜了！我家老闆肯定是用了奪舍邪術，攻佔崇禎這廝的身體。看看！我早就說過的嘛，我家老闆眞不是好惹的……

本能的臣伏之心，讓他表示出無法想像的柔順與服從，眼睜睜看著崇禎打掉自己一個又一個的親信，卻連個屁也不敢放。待到領命去鳳陽出差，明明知道此行的結果，仍只能在奴性的本能控制下乖乖點頭。

且說魏公公行至途中，就見後面塵頭大起，一騎如飛趕來，原來是小馬仔李永貞。他下馬疾聲道：「大佬，不得了了，皇上那廝眞的要翻臉動手了！竟然如此以下犯上，這還了得？大哥，你下命令吧，兄弟們立即替你砍了他。」

魏忠賢哭道：「胡說，我對小保姆一片忠心，可昭日月，她怎麼會忍心砍死我呢？」

「小保姆……這是哪個啊？」

「這你甭管，記住一件事就行了：小保姆是咱們的老大，她讓誰死，誰都不得不死。行了，大家繼續趕路，別磨蹭，再磨蹭可就天黑了……」

衆人繼續前行，抵達埠城縣天上人間大酒樓，停下來入住。

是夜，魏忠賢獨坐孤燈前默默流淚，忽然聽到一陣可怕的歌聲，忽遠忽近，如鬼似魅，飄忽不定而來。歌曰：

聽初更，鼓正敲，心兒懊惱。想當初，開夜宴，何等奢豪。進羊羔，斟美酒，笙歌聒噪。如今寂廖荒店裡，只好醉村醪。又怕酒淡愁濃也，怎把愁腸掃？

二更時，輾轉愁，夢兒難就。想當初，睡牙床，錦衣衾裯。如今蘆為帷，土為炕，寒風入牖。壁穿寒月冷，簷淺夜蛩愁。可憐滿枕淒涼也，重起繞房走。

夜將中，鼓咚咚，更鑼三下。夢才成，還驚覺，無限嗟呀。想當初，勢傾朝，誰人不敬？九卿稱晚輩，宰相為私衙。如今勢去時衰也，零落如萍草。

城樓上，敲四鼓，星移斗轉。思量起，當日裡，蟒王朝天。如今別龍樓，辭鳳閣，淒淒孤館。雞聲茅店月，月影草橋煙。真個目斷長途也，一望一回遠。

鬧攘攘，人催起，五更天氣。正寒冬，風凜冽，霜拂征衣。更何人，效殷勤，寒溫彼此。隨行的是寒月影，吆喝的是馬聲嘶。似這般淒涼也，真個不如死，真個不如死，真個不如死，真個不如死……

恐怖的歌聲，就像患了前列腺炎的老頭如廁，漸漸瀝瀝滴滴答答地唱了一整夜，聽得與魏公公同行的諸人，無不是心驚肉跳，六神無主。尤其是歌詞的最後一句：眞個不如死，眞個不如死，眞個不如死……反覆不停，兼有起轉承合，彷彿閻羅殿派來的催命之符，浸透一種讓人無法抵禦的力量。

就在恐怖的歌聲中，隨從敲開房門，一眼就看到一具懸於垂樑之下，無風自動的屍體。如此容易，魏忠賢被清理出局。

魏忠賢被打掉之後，所有人的目光，同時轉向遼東——迅速崛起的滿清，已對大明帝國構成挑戰。於是崇禎皇帝就想了，爲了應對挑戰，首先必須……

宰掉袁崇煥！

袁崇煥是誰？爲啥要宰了他？

這事，還眞得慢慢說起……

第 7 章

民主時代的大明帝國

熹宗年間的朝廷，實現了民主制度：朝臣們排成長隊，嚴肅地走到投票箱前，投下莊嚴神聖的一票，選出一個八輩子沒積德的倒楣蛋去遼東挨刀！

話說神宗朱翊鈞年間，皇帝舉行了長達二十六年的大罷工，直到瘋刺客殺入東宮，這才不得不從宮裡探出頭來，露個小臉。莫要說一個偌大的帝國，哪怕是一個人，長達二十六年躲藏起來不露面，也沒辦法再出來混了，更別說皇帝的大罷工，能使帝國陷入徹底的癱瘓。如此局面下，東北一位叫努爾哈赤的老兄，趁機崛起。

撇開神宗皇帝大罷工的權力訴求不談，單只看遼東的戰局。努爾哈赤崛起的節骨眼上，大明帝國三番兩次地派了軍隊去圍剿，最兇狠的一次是薩爾滸戰役，明軍出去十幾萬人馬，聯合了朝鮮人民軍，以及努爾哈赤的死對頭葉赫聯軍，總之是一支號稱四十七萬人的多國維和部隊，進駐東北剿匪。奈何總指揮不曉得軍事，純粹是朝臣推出來應景的——既然神宗皇帝自己都懶得花心思，大臣們哪來的心情陪努爾哈赤玩？

結果薩爾滸一役，大明帝國的精銳部隊徹底灰飛煙滅，努爾哈赤取得反圍剿的偉大勝利。此後，神宗皇帝幸福死之，然後光宗皇帝出其不意也死之，輪到了宮廷小保姆李選侍的寵物熹宗皇帝出場。

熹宗登基，開始討論經略遼東的人選。朝臣們發揮共產主義風格，你推我讓，誰也不肯攬這缺德活。沒辦法，想那朱翊鈞鬧了二十六年的大罷工，導致了職場考勤與績效考核徹底廢黜，連組織人事部——也就是吏部，都缺勤好多人，傻瓜蛋才給你起早貪黑賣命苦幹呢！

眼見大臣們相互推讓，都不肯接手遼東，英明神武的熹宗皇帝揮舞著手中的鉋子和斧子，宣佈道：「一個國家、一個政權，如果不能夠給予人民以充分的民主權力，它就不是人民的國家，不是人民的政權，人民就應該行動起來，把它推翻。現在我宣佈，大明帝國跑步進入民主時代，大鳴大放大辯論，實行大民主！」

怎麼個民主法？

投票！差額選舉，一個也不能少。

由是，熹宗年間的朝廷上，實現了人類歷史上最不壞的民主制度：朝臣們排成長隊，表情嚴肅地走到投票箱前，投下莊嚴神聖的一票，選出一個八輩子沒積德的倒楣蛋，讓那廝去遼東挨刀！

投票過後，就是點票、唱票。小太監站在黑板前，尖著嗓子念出每一張選票，由宮女在黑板上畫正字，看看誰在朝廷裡最不得人心。

結果很快就出來了，朝臣王在晉的得票數遙遙領先。這情景看得他目瞪口呆，忍不住破口大罵，「日你親娘！丟你老母！格你老子！先人板板！辣塊媽媽！有人作弊！陛下，這是假民主眞獨裁，是多數人對少數人的專政，程序是不合法的，選票是摻了假的，唱票的嗓子是啞的，投我票的人全家都是傻的……總而言之，這分明不是什麼民主選舉，而是一起針對於我本人的政治陰謀。陛下，你出來說句話，可不能讓這些野心家的陰謀得逞啊！」

熹宗被吵得煩不勝煩，就說：「你看你們這些人，說好了民主選舉的，等選出來又耍賴。算了，朕不跟你們生氣了，朕回木匠房做個五斗櫃再說。」

皇帝退場，朝臣們打成一團。正鬥之際，突然兵部來人，大聲道：「別打了！別打了！告訴大家一個好消息，我們兵部有個副處級調研員，自己跑到遼東去了，趕緊擦亮眼睛，盯著他點。現在的大明帝國居然還有主動跳出來挨刀的傻瓜，各位別客氣，是殺是宰，看著辦吧！」

群臣愕然，「眞會有這麼缺心眼的人嗎？別是開玩笑吧？」

不開玩笑，千眞萬確。

由兵部出走，主動赴遼東經略的副處級調研員，就是袁崇煥。

袁崇煥？何許人也？爲啥他就要跟大傢伙頂牛，誰都不樂意幹活的時代，偏偏主動站出來挨刀？

細說此人，與世故的老臣們相比，眞是大明帝國屈指可數的理想主義者，血仍然是熱的，心仍然是衝動的，態度仍然是眞誠的，對國家對民族仍然是熱愛的。雖然說起來官職也不大，無非兵部小小的主事，但有一種深刻的危機感，情知這個破國家再這樣下去的話，後果大大的危險。乾脆一咬牙、一跺腳，不待上頭正式任命，自個騎了匹沒尾巴老瘸驢，出了山海關，觀察敵情去了。

考察過東北的戰局，他給朝廷打報告說：我向組織表決心，首戰用我，用我必勝，就讓我爲國家守衛寧遠吧！

朝廷回話：守衛你個頭啊守，趕快回來，放棄寧遠，把這座城送給努爾哈赤。

命令到達之日，後金七萬大軍已如潮水一般湧來，將寧遠城團團圍困。不想袁崇煥又咬牙發狠，弄出一門當時世界上最先進的葡萄牙火炮，轟隆一炮打過去，當場將蓋世英雄努爾哈赤打死。

這一戰，又有個名頭，叫寧錦大捷。

大捷之後，朝廷裡歡天喜地，人人加官，個個封賞，許多官員連家裡奶孩子的小保姆都因此得到勇電嘉獎。只有袁崇煥不然，朝廷發來電令，嚴厲批判了他的左傾冒險主義、右傾逃跑主義、不左不右的機會主義、官兵不平等的享樂主義、官兵太平等的平均主義……總之一句話，出鋒頭鬧軋猛，悍然殺害國際友人努爾哈赤，已然開罪於天下，國人皆曰可殺。幸虧他見機得快，以迅雷不及掩耳之勢提交了悔過書及辭呈，大夥這才放他一馬。

看看袁崇煥遭遇到的怪事，這就是大明帝國的習風了——越是忠心報國，將來死得就越慘。

再從歷史上發生的事件來看，老袁未來的悲劇，已成爲不可扭轉的必然。

第 8 章

抽筋剝皮以謝天下

史書上記載說，袁崇煥被剮時，京城百姓們激動得紅光滿面，蜂擁上前，用牙咬，用嘴撕，人還沒有死透，腸子已經被揪出體外。

熹宗皇帝死後，崇禎登場，先打掉魏忠賢反動集團，然後把目光轉向了遼東的冰天雪地。得有個人替他在遼東幹活。

誰去好呢？群臣一致推薦已經辭職的袁崇煥，「陛下，就讓小袁來吧！經略遼東，這活誰都不幹，他卻非要搶著幹，這不擺明了缺心眼嗎……不對不對，這不擺明了他還是希望表現一下嗎？就給他一個機會，如何？」

「好！疑人不用，用人不疑。」崇禎皇帝道：「既然要用袁崇煥，那就給他全權，去後宮拿柄沒開刃的劍來，當作尚方寶劍送去。」

對於袁崇煥獲得負責遼東全部權力的現實，朝臣都未置可否。畢竟自己不想去遼東，別人也不樂意去，這活只能交給那廝，沒辦法的辦法。

卻有一人，對於袁崇煥的任命表示了最大程度的不屑。

此人，皮島毛文龍是也。

駐紮在皮島上的毛文龍所部，大概能算是中國歷史上比較早的東北抗聯。其司令官毛文龍在極爲惡劣的環境與條件下，堅持不懈，不屈不撓地給努爾哈赤及其繼任者皇太極添麻煩。無奈他和袁崇煥之間，同樣也存在著矛盾。這矛盾究竟是什麼，誰也說不上來，總之就是你不服我，我不忿你，相互也不以友軍稱呼，而認定對方爲頑軍。

在袁崇煥看來，他面對的局勢相當嚴峻，一面要與努爾哈赤的兒子皇太極的敵軍作戰，一面要跟歸順了皇太極的僞軍作戰，一面還要和毛文龍的頑軍不斷地內耗摩擦。不行！這樣下去怎麼行啊？雙拳難敵四手，一人難鬥敵僞頑，攘外必先安內，還是要一個國家、一個主義、一個大老闆嘛！於是他前往皮島視察，見毛文龍出來迎接，深深地一鞠躬，深情地說：「你是爲國家立了戰功的人，請允許我在殺你之前行個禮。」

有請尙方寶劍，斬之。

對於袁崇煥斬毛文龍，史家衆說紛紜，有的說該殺——袁崇煥既然已經被授命負責整個遼東的軍事工作，毛文龍就應該緊密地團結在以他爲核心的領導班子周圍。但他堅決不肯團結過來，眞是該死。可也有人認爲不該殺——再怎麼說，毛文龍都是友軍啊，是皇太極的死對頭。正所謂遼東一葉，千古奇冤，兄弟鬩牆，自相殘殺，這豈不是令親者痛，仇者快？

講什麼都沒用了，毛文龍被定點清除了。

話再說回來，即便袁崇煥殺毛文龍不對，那又應該如何責罰他？要不要把他全家千刀萬剮？要不要把他的肉削下來煎炒烹炸？

如果回答應該，那你肯定是崇禎皇帝。

話說袁崇煥殺掉毛文龍後，女真人皇太極改國號為大清，率部族戰士繞道喜峰口，嗚嗷怪叫著向著北京城撲過去。

單從軍事的角度上看，皇太極這麼個搞法，無異於找死。只要袁崇煥從後面抄後路，守衛北京城的明軍再兩廂裡一夾，大清帝國就得徹底從江湖除名。然而軍事是軍事，大明帝國擅長的不是軍事，是政治。

政治就是，眼下皇太極率清軍圍北京城，你身為三軍統帥，必然要在第一時間趕到北京城下護駕，以免崇禎皇帝受驚嚇。

應該說，袁崇煥多少還是有點政治頭腦的，在大是大非面前，經受住了考驗，率軍疾馳，狂追皇太極，一路追逐到了北京城下，與之展開首都保衛戰。卻在兩邊較勁的當口，崇禎皇帝突然宣召他入城。

他去了，就聽老闆溫柔地問：「阿煥，你丫為啥要殺毛文龍？」

「毛文龍？」他還沒弄明白是怎麼一回事，早有勇猛的錦衣衛撲將上來，將人拖進了天牢之中。

袁崇煥被捉，嚇壞了他的部下戰將祖大壽，當即掉頭狂逃，摧毀山海關，向著荒山野嶺飛奔。幸虧老袁在天牢裡寫了封信，這才把人給叫回來。

祖大壽回來了，這就證明袁崇煥對大明帝國絕無二心。朝臣們長鬆一口氣，也不理會在城外嗚嗷怪叫的清兵，開始商量如何宰殺這個倒楣鬼。

殺袁崇煥，需要先解決兩個問題：他有什麼罪？應該如何一個殺法？

注意！定罪與刑罰，同樣是政治問題，而非法律問題。

啥叫政治問題？啥又叫法律問題？

法律問題就是：該什麼罪，就定什麼罪。該怎麼懲罰，就怎麼懲罰。罪狀越嚴重，懲罰的手段越重。

政治問題就是：有沒有罪，乃次要問題，琢磨個罪名，更重於實際。此外，定的罪名越重，懲罰反而越輕。定的罪名越輕，懲罰反而越重。

發現了嗎？倘若袁崇煥眞的是漢奸叛徒，反而好辦，鐵定是當廷釋放，並委託他作爲中間人，與滿清議和。糟糕的是，他偏偏不是漢奸，又沒有什麼非殺不可的惡行，這下子可眞就慘了。

再說得更清楚些好了：倘若袁崇煥罪該萬死，這恰恰會是展示崇禎皇帝仁君氣度的好機會——朕赦你無罪！因為有罪，皇帝才可以開恩赦你無罪。偏巧袁崇煥沒什麼罪，最多不過是殺掉毛文龍，可他作為負責遼東軍事的一把手，崇禎又授予了尚方寶劍，殺得對錯倒還在其次，至少的確有此權力。即或不然，毛文龍殺錯了，那也不過是決策錯誤。既然要決策，總難免犯錯誤，不至於把人家千刀萬剮吧？

朝臣們議論過來，議論過去，最後擬定的懲罰是將袁崇煥千刀萬剮。這已經是法外開恩了。袁家有一個小女兒，會議上有人強烈要求，這女孩也要一起拖出來，拉到街頭剝除衣衫，把身上的肉一片片削掉，但考量到此招太過陰毒，最後遭到否決，可憐的女孩子只被流放充軍，發配到三千里外。

為什麼要對袁崇煥如此殘忍？

已經說明白了，因為他無罪。

史學界還有一種觀點，認為袁崇煥其實死得不冤，經略遼東的時候，他確實犯了一些錯誤。但這個解釋遠不足以說明白，僅以他犯下的錯誤論，千刀萬剮的酷刑，是否罪如其罰？真要是犯錯就活該千刀萬剮，無論如何也輪不到老袁第一個挨刀，不是嗎？

袁崇煥有無錯誤，跟他遭遇的淒慘下場，絲毫沒有關係。身爲當時唯一肯幹實際工作的人，即便有錯有罪，都不該當此酷刑。可惜，老百姓也不這樣想。史書上記載說，袁崇煥被剮時，京城百姓們激動得紅光滿面，蜂擁上前，用牙咬，用嘴撕，人還沒有死透，腸子已經被揪出體外。又有人說了，人民群衆不知道事情究竟，以爲他是漢奸，所以恨之入骨。唉！這種辯解眞沒意思。要是什麼也不知道，哪來如此酷毒之恨？

被屠殺，就因爲他是那時代唯一有良知的人。或者說，他是唯一肯爲國家做事的人，好傻好天眞，不懂得做事就難免犯錯，而這個國家對於犯錯的人，向來是趕盡殺絕，不留情面。

追根溯源，崇禎當是罪魁。這個心理異常的帝王，非唯沒有修正大明帝國那已經跌破底限的不良社會法則，反而還將不公正推至了極限之極限。

第9章

闖王是個純爺們兒

李自成是個十足十的純爺們兒，大字不識得一個，穿衣服時偏不愛繫胸前的扣子，喝酒時猛力一仰脖，讓酒順著口角直淌到胸毛上，然後再拿手一抹……

虐殺了袁崇煥，崇禎皇帝神情氣爽，再次琢磨經略遼東的其他人選。

然而孔子曾經曰過：吾恐季孫之禍，不在蕭牆之外，而在蕭牆之內矣。

啥意思呢？

意思是說：外部的敵人，別理他，一切外部的敵人都是紙老虎，堡壘必然是從內部被攻破。講得更具體點，根本別搭理滿清，就當他們不存在好了，此時對你最大的威脅，其實正來自於你身邊……

身邊什麼地方？

萬曆三十四年丙午三月雞鳴候，西南方天上懸一關刀，刀口向上，凡一月而滅。神秘關刀出現後，陝西延安府米脂縣雙泉堡的一戶農家裡，生下一個超怪異的孩子。

這個孩子，顴骨超高，眼窩深陷，貓頭鷹的眼睛、猩猩的鼻子，天靈蓋處還下塌出凹洞，哭起來的聲音也不一樣，嘎嘎嘎！喳喳哇！一如豺狼夜嚎。

儘管兒子長得處處不對勁，返祖現象嚴重，但畢竟是親生的啊，於是家裡爲他起名叫李鴻基。指望他長大之後，多少能有點小出息。

李鴻基慢慢長大了，起初還活潑好動，可忽然有一天，無緣無故變得沉默寡言，家人逗他說話，他都不理。又不多久，他的侄子李過，還有一個叫劉國能的找上門，三人同去關帝廟玩。

到了廟前，李過說：「基叔啊，要不咱們學桃園三結義，也在這裡拜把子兄弟吧！」

李鴻基聽了很痛苦，「李過，你明明是我侄子，怎麼可以和我拜把兄弟呢？這不是亂了輩份嗎？」

劉國能在一邊笑道：「子曾經曰過，四海之內，皆兄弟也。照這麼說法，別說叔叔侄子，就是當爹的和當兒子的，照樣可以拜把子。」

李鴻基被說動，三人便準備結拜。可在這之前，得先弄清楚誰是老大，不想大家都爭當老大，誰也不樂意當馬仔。爭執不下，索性決定較力舉廟裡的香爐。那玩意重愈千斤，舉起來的，就是老大。

李過先舉，卻見香爐紋絲不動。

等到了劉國能，也是累得面紅耳赤，卻未能撼動分毫。

終於輪到了李鴻基，只見他走到香爐面前，突兀地暴力一吼，前額下的凹穴瞬間鼓起一個大氣包。當著另外兩人的驚呼聲，猛一發力，那沉重的香爐，眞被他高高地舉了起來。

李過和劉國能嚇得呆了，「叔……老大……大佬……老闆……快點放下，可千萬別讓香爐把你壓扁了……」

李鴻基圓瞪怪目，大聲道：「有件事，現在不能再瞞著你們了！可知道我爲什麼性情大變，從此沉默寡言？因爲啊，三年前的某個夜裡，我夢到一位高大偉岸的將軍，大踏步地走到我面前，說：『李自成，你他媽的還在這裡幹啥呢？還不快點去北京城登基？』」說著放聲大哭，「老子明明是天生的皇帝命，你們卻他媽的讓老子舉香爐，有個屁用啊！舉兩個時辰，能給多少錢？」

轟的一聲，他將手中的巨大香爐擲出去，大吼道：「老子以後就叫李自成了！老子要當皇帝，你們誰也別攔著！」

李自成橫空出世，大明帝國的壽命，迅速地進入倒數計時。

如果說，崇禎皇帝的身體裡，隱藏著小女人，那麼李自成就是個十足十的純爺們兒了。純爺們兒的表現可以歸納爲大字不識得一個，穿衣服時偏不愛繫胸前的扣子，喝酒時猛力一仰脖，讓酒順著口角直淌到胸毛上，然後再拿手這麼一抹。待身邊的女人看得目瞪口呆之際，冷不防一記大耳刮子扇過去，「看什麼看？活膩歪了是不是？」

純爺們兒普遍來說腦筋比較原始，不懂得什麼叫尊重女人。

在這等低層次的男人面前，任憑什麼樣千姿百媚的女子，都是無計可施。兩性千古戰事，女人唯有面對紳士的時候，能夠以刁蠻占到上風，遇到專以蹂躪女性為樂事的歹徒，則注定沒咒可念。

《明通鑑》上記載說，李自成的手下，有個叫李雙喜的傢伙。這廝生性歹毒而邪惡，最喜歡的事情，是將女人擄了來，強暴後使其懷上身孕。等到胎兒七、八個月大了，再把這女人拖過來，剁去雙手和雙腳。

看女人痛苦地在地上蠕動爬行，李雙喜的心靈總能迅速昇華，感受到令人泫然欲泣的幸福。

眼見李雙喜如此勇於思考，敢於創新，李自成歡喜不盡，立即收了當養子。後來建立大順朝，還特意立這位殺人狂為太子。

透過這件事情，我們不難對李自成個人的品性，做出比較全面的評估。

此前曾有一種史觀，毫無理由地否定史料的價值，完全靠著憑空杜撰，將闖王想像成品學兼優的傑出青年。拜託！沒有哪個眞正品學兼優的傑出青年會操起切菜刀，沿街砍人去的。敢於橫行天下，殺戮無算，個人品行必然靠不太住。

總之，崇禎遇到麻煩嘍！

第10章

我們在佛前求了五百年

眾人來到山神廟裡，李自成跪在神像面前求籤，鐵匠劉宗敏兩腿叉開，手中的鋼刀高高舉起。只要求籤不順，老劉就會一刀砍下，砍飛老李的腦袋。

崇禎十一年，李自成流寇於潼關爲官兵擊敗，只餘十數人，逃入山中。於是同一天裡，崇禎皇帝和他雙雙求神問卜，測算自己的命運。

崇禎皇帝這邊搞得頗有規模，於平台上設起乩壇，文武百官各自齋戒三日，不許吃肉，不許和老婆擁抱親吻，上床更不允許。三天過後，淨手焚香，在老闆的率領下，靜候天降綸音。

就見一張沙盤之上，乩筆刷刷地書寫起來：九九氣運遷，涇水河邊，渭水河邊，投秦入楚鬧幽燕。兵過數番，寇過數番，搶奪公卿入長安。軍苦何堪，民苦何堪，父母妻子相拋閃。家家皇天，人人皇天，大水灌魏失秦川。流寇數載即息，紅頂又將發煙。虎兔之間干戈亂，龍蛇之際是荒年。

這張乩言，盡道大明帝國之覆亡，就在眼前。其中大水灌魏，暗示李自成很快就會水淹開封。失秦川則明指他嘯起陝西，龍霸天下。流寇即息，是說他的人馬要成爲正規的國家軍隊，而紅頂發煙，指的則是滿清也要趁這個節骨眼，擠將進來……

總之，情形不妙，大大的不妙！

李自成卻不知道這個利多的占卜結果，此時他正站在路上，涕淚交加，苦苦哀求：「兄弟們，我說兄弟們，不要走，不要拋下我！求求你們了，我管你們叫爹還不行嗎？」

苦求無益。由於接連遭受失敗，部將都不再認為他是真龍天子，以大將劉宗敏為首，眾人商量過後，決定出山去投案自首。大夥心裡有數，朝廷的政策，向來是從犯不問，只究首惡。首惡是李自成，我們只是從犯，到官兵處自首了，官府就會好吃好喝好招待，還會發放路費回家。至於李老大，就讓官兵將他逮走，千刀萬剮了吧！誰讓他這麼能折騰來著？

當時可把李自成嚇壞了，要知道，他稱雄天下，就是因為身邊有一群任勞任怨的殺人狂。萬一全都跑去投案自首，那還混個什麼勁？

絕望之下，橫劍就要自刎。

這當口，殘疾人士小侏儒，一個叫宋獻策的人跳了出來，建議說：「橫豎大家都不打算幹了，何不去山神裡占卜，問問神錄？如果三次都是上上之籤，就表示李自成確實有天子之命，繼續跟他幹啦！如果占卜的結果不太好，事情也好辦，當場把李自成的腦殼切下，出山投案，這還算是起義呢！」

眾人來到山神廟裡，李自成跪在神像面前求籤，鐵匠劉宗敏兩腿叉開，站在他身邊，手中的鋼刀高高舉起。只要求籤不順，老劉就會一刀砍下，砍飛老李的腦袋。

嘩啦啦！嘩啦啦！搖動竹筒，求了第一籤，上上籤。

嘩啦啦啦啦！第二籤，上上籤。

嘩啦啦啦啦啦啦！第三籤，上上籤。

嗖！劉宗敏一刀砍下，一顆人頭飛出了百米之遙。

誰的人頭？

老劉他老婆的。

史書上說，幾人眼見求籤皆順，認定了李自成日後必然當皇帝，當下拔出刀來，喊哩喀嚓，不由分說，分別將老婆女兒剁成了碎塊。殺掉老婆不要緊，將來革命勝利了，一人一個女學生……這夥人考慮的，永遠只是自己的享受。追隨他們的，無論是男人還是女人，最終只能以悲劇告終。

正所謂：崇禎自成大決戰，佛前求了五百年，此去泉台招舊部，旌旗十萬再扯蛋。一方求得凶籤，茫茫然若有所失。另一方卻是三籤連中，遂輕裝再出，決死天下。

第11章

男女不一樣

崇禎皇帝把朝堂當成車馬大店，宰相們川流不息，你來我往，浩浩蕩蕩，熙熙攘攘。單只他一個人任命的宰相，比之宋朝開國後一百三十年的總數還要多。

接下來，我們找了多位證人，他們即將出庭作證：

韓爌、黃立極、李國、孫承宗、張瑞國、施鳳來、來宗道、李標、周道登、成基命、何如寵、溫體仁、鄭以偉、錢上升、何吾騶、張至發、孔貞運、賀逢聖、劉宇亮、楊嗣昌、方逢年、范復粹、張四知、楊景辰、劉鴻訓、錢龍錫、周延儒、錢象坤、吳宗達、徐光啓、王應熊、文震孟、林焊、黃士俊、傅冠、薛國觀、程國祥、蔡國用、姚明恭、魏熾乘、謝升、蔣德璟、吳生、李建泰、范景文、陳演、黃景昉、魏藻德、方岳貢、邱瑜……

嘩！好多的證人啊！數一數有多少個，一二三四五……一共五十人。他們此來，是想證明什麼？

這些人要證明，崇禎那廝，貨真價實是個女人。

如何證明法？

他們便是崇禎曾經的男人……不對，他們就是歷史上赫赫有名的「崇禎五十相」。

所謂的崇禎五十相，就是說他老兄在位十七年，前前後後，嘁哩喀嚓，一共換過五十個宰相。大約一年換三個，平均每個宰相在位四個月。

很顯然，崇禎皇帝把朝堂當成車馬大店了，宰相們川流不息，你來我往，浩浩蕩蕩，熙熙攘攘。單只他一人任命的宰相，比之於宋朝開國後一百三十年間的總數還要多。

宰相數量如此之多，任期又是如此之短，至少說明了三個問題：

第一，皇帝缺乏對人的信任，他不相信任何人。

第二，皇帝感情用事，毫無理性可言。

第三，皇帝對於想做的事，一定要做，完全不計後果如何。

三個特點，總結起來就一句話：崇禎是個純粹情感取向的人，與這世上許多女人的思維恰好卯合。

在此澄清一點，說崇禎是個女人，不代表女人一無是處。事實上，女人是這世界上最美麗的風景，但這風景不可能拿到戰場上跟李自成角力。單只是流寇軍淫辱婦女再剁去手腳這一招，哪個受得了？

崇禎皇帝太任性刁蠻，李闖王則是粗豪的純爺們兒，兩者之間的爭逐戰，不再有懸念可言。

崇禎十四年，李自成攻入河南洛陽，俘獲福王朱常洵。

說起福王朱常洵，他是大大的有來頭。此人小名福娃，便是大明神宗皇帝朱翊鈞最喜歡的女友鄭貴妃所生。

早年間鄭後媽大鬧紫禁城，目的就在撤銷光宗皇帝朱常洛的太子職務，讓親生兒子福娃來接任，哪想到朱常洛技高一籌，偷偷花錢雇錢了刺客刺殺自己，成功將福娃排擠出局，去到洛陽當土皇帝。如今，這倒楣蛋落入殺人狂魔李自成手中，唉呀呀！慘啦！

李自成命人將福王牽過來，仔細一看，不由得大驚。

原來，福娃這孩子，打小患有貪食症，逮到好吃的就吃個沒完。狂啃海塞之下，整個人就像吹足了氣的大肥肉汽球，體重達到五百公斤。

就聽闖王驚問：「哎呀媽喲！怎胖成這樣呢？想減肥不？」

福王問：「你有管用的減肥藥方嗎？」

「當然有，咱這減肥方，百試百靈。來人啊，給這哥們兒減肥了！」

隨著一聲號令，早已湧上來一群小流寇，不由分說，將福王全身扒光，放在鍋裡刷洗得乾乾淨淨，然後用刀子將肥肉旋下來。他大聲嚎叫著，鮮血激噴，又有小流寇拿琉璃盞過來，接上熱乎的血，遞到老大面前。

李自成接過，痛飲一口，然後轉過頭，對著歷史的鏡頭道：「滴滴香濃，意猶未盡。」說話間，鍋灶處熱氣騰騰，原來福王已經蒸得熟爛。衆流寇拿著碗筷飛速占座，將他吃得星點不留。

兄弟們滿嘴流油，拿手幸福地一抹，問道：「大佬，下一頓咱們去哪裡吃？」

李自成引刀長指，「開封府人口衆多，男的筋實，女的鮮嫩，管你們吃到飽。」

崇禎十四年，流寇李自成驅趕著數十萬農民工，掘開黃河，將古城開封淹沒於水下，城中男女老幼百萬人衆，俱化爲魚鱉。倖存者全被流寇掠走，裹脅著去殺人放火。

崇禎皇帝萬般無奈，只好讓雙耳失聰的老將孫傳庭出馬，迎戰李自成。

第12章

落葉復悲萬古秋

崇禎十八年三月十八日，李自成驅百萬流寇齊至，大太監曹化淳開彰化門請降。崇禎皇帝拉著老太監王承恩的手，登上景山，縊死於壽皇亭旁的樹下。

孫傳庭乃大明第一猛將，左右開弓，弓馬嫺熟，人號孫聾子。

他在郟縣設下埋伏，誘拐殺人狂魔李自成闖入，其時四面伏兵大起，殺聲震天，將之環環聚繞。正要圍殲，不想李自成忽然從馬屁股後面揪過來一只包袱，打開大叫：「著法寶！」

就聽嘩的一下子，琳琅滿目的金銀珠寶，飛得滿天都是。正準備伏殺他的官兵見到，頓時發出欣喜若狂的哭叫聲，撲在地上瘋搶。

李自成微笑著向孫傳庭擺了擺手，「拜拜！」不緊不慢，策馬遠去。

崇禎皇帝聞知此事，大怒，立即下旨，要派錦衣衛出京，將孫傳庭斬殺。大臣馮元飆在朝堂上嚎啕大哭，聲稱情願讓自己先下詔獄，只求留給老孫一點時間。明擺著，李自成的賊勢已經養成，遠不是三天兩天就能剿殺殆盡。這時候冤殺孫傳庭，豈不是幫了對方大忙？

崇禎皇帝更生氣了——他超討厭別人不同意自己的觀點，無奈據史實總結，自打當上皇帝以來，除了打掉魏忠賢之外，他的治國策術沒有一個能夠對上路子。

雖然暫時放棄了用錦衣衛幹掉忠臣的爛法子，他卻馬上想到更糟糕的辦法：強迫孫傳庭進兵，與李自成對決。

崇禎十六年十月六日，孫傳庭與李自成對決於潼關。流寇鋪天蓋地湧來，從早殺到晚，老孫終於力盡，勉強躍馬衝上一座高坡，戰馬長嘶，累死於地。他棄馬持刀，殺下坡來。

黑壓壓的流寇蜂擁而至，又在霎時間散開，孫傳庭已經徹底消失——他的屍體至今都沒有找到，所以崇禎堅定不移地認爲，這廝一定是投奔了李自成，不予贈賜，不加撫恤，不發拖欠的工資。

直到後來乾隆當皇帝時，才由女眞人給了孫傳庭一個像樣的封號。

刻薄寡恩，這就是崇禎皇帝。

崇禎十七年，鳳陽地震，李自成於西安登基，號大順皇帝。崇禎得報，命人找個江湖術士占算一卦：

帝問天下事，官貪吏要錢。八方七處亂，十里九無煙。黎民苦中苦，乾坤顛倒顛。干戈從此起，休想太平年。

看看這卦算得啊，眞是太不給陛下面子了。

崇禎見卦，伏案大哭。正哭之際，忽聽北京城外人喊馬嘶，原來是李自成來了，要求和他面對面談談。他得知，立即傳旨：爲魏忠賢平反，恢復榮譽，並召開規模盛大的追悼會。

讀史讀到這裡，多有困惑不明者。想那魏忠賢乃禍國殃民的閹黨之首，何以崇禎皇帝執迷不悟，於國家危難之際，非要幹一樁沒頭沒腦的勾當？

這樣想的人，肯定不瞭解崇禎，更忽略了一個事實：殺魏忠賢時，所有的罪名都是捏造的。世人眼裡，魏忠賢罪該萬死，唯有崇禎知道背後冤情——至少，此人死非其罪。這廝縱然是千該殺、萬該殺，偏偏沒有設立法庭詳究其罪，而是胡亂捏造了謀反的罪名，這就是魏公公之冤。

可以說，殺掉魏忠賢，很大程度上是崇禎的弒父情結作祟。那傢伙死後，他才發現自己壓根無力面對整個世界。

尤其在這個特定時刻，城外是流民軍洶洶叩城，城內是文武百官逃之夭夭，強大的心理壓力，霎時間又將他壓縮回到當年那個四歲的孩子。

所以，他無限思念魏公公。

正是出自於對魏忠賢的無限景仰與思念，他授權近萬名閹人，守護京城。然後在書案上寫下：文武官個個可殺，百姓不可殺！

什麼意思？

這句話是在告訴李自成，他崇禎是如何失敗的。儘管此一說法毫無道理，但從日後流寇的表現看，李自成分明表示了接受。

崇禎十八年三月十八日，李自成驅百萬流寇齊至，大太監曹化淳開彰化門請降，軍隊蜂擁而入。衝天的喊殺聲中，崇禎皇帝拉著老太監王承恩的手，登上景山，縊死於壽皇亭旁的一棵樹下。

史家評說，崇禎這個倒楣皇帝，日子過得實在是太苦、太苦。

爲啥他就那樣苦呢？

有人說是大明帝國所有的壞事都讓他碰上了，不苦也沒得法子。但眞正的原因，該是倒楣扭曲了他的性格，更讓他成爲製造倒楣的人，結果終其一生都生活在烏雲之下，直到衰氣漸至膨脹，突破帝國的承受底線爲止。

綜觀崇禎的一生，苦難的幼年、童年就不要提了。單只說他繼位而後，的確成爲帝國最大的麻煩，捅出來的問題，遠比解決的問題更多。短短十七年裡，竟然先後任用五十名宰相，普天之下，還能再找到比他更能找麻煩的人嗎？

有些人就是這樣，看起來辛辛苦苦，任勞任怨，但仔細看看他們所做的事情，無非是把局面弄得更糟。不唯崇禎擁有這種性格，他的哥哥明熹宗也同樣。可相較之下，人家至少知道自己的缺陷，索性一頭扎進木匠房裡不出來，儘管這輩子搞不出名堂，起碼不會讓局面變得更壞。

崇禎該是到了最後時候，才終於意識到這一點，可惜太遲了。朱元璋一手打造的大明帝國，煙消瓦解，風吹雲散。

卷十四 大明王朝的最後跡痕

唐王被殺，南明冒出來兩個地下抵抗領袖，一個是小唐王，另一個是永曆帝朱由榔。中國人習慣於統一領導，這裡出來倆領導人，明顯有點多了。

第1章

衝冠一怒為紅顏

作為一個男人，不能容忍李自成這種獸類。作為一個軍人，更有職責替百姓清除掉殺人魔星。怎奈實力不足，吳三桂只好親赴歡喜嶺，向滿清攝政王借兵。

大明十七帝，風過無痕，然歷史仍在繼續。

崇禎離開了舞台，站在台上的主角，卻不是李自成，而是三關總兵吳三桂。

如果一定要評價吳三桂這個人，我們必須承認，相比於食人無算的李自成，吳三桂是眞正的鐵血軍人，一生征戰，橫行天下，從未曾傷害過無辜，更不曾有過屠城的紀錄。

再說李自成，長年的殺戮生涯，過於強烈的刺激與過大的心理壓力，導致了男性機能的退化。在女人面前，他需要更高強度的刺激，才能夠喚醒體內的雄性慾望。出於這樣的不可告人的原因，他強佔了吳三桂留在京師的愛妾陳圓圓，並渴望著老吳對此做出激烈反應。

吳三桂的反應的確很激烈，佔據山海關，公然打出恢復大明的旗號。李自成興奮莫名，率領三十萬大軍，浩浩蕩蕩地殺去山海關砍人。

這就是李自成式的典型思維了，他可以殺人，可以放火，可以隨便搶你老婆，卻不允許你有絲毫的抗拒。

尤其當對方居於弱勢的情形下，這種邪惡會表現得更加強烈。

吳三桂只是做了他必須做的事。

作爲一個男人，他不能容忍李自成這種獸類。

作爲一個軍人，他更有職責替百姓清除掉殺人魔星。怎奈實力不足，只好親赴歡喜嶺，向滿清的攝政王多爾袞借兵。

由是，滿清得以趁虛而入，佔據中原。

而李自成，在清兵的威迫之下，慌不擇路地掉頭逃回西安，關起門來，當起了他的大順皇帝。可他只是超高效率的破壞性人材，對於建設及政務管理毫無概念，一句話，這廝壓根就不知道如何治理國家，滿腦殼殺人放火的土匪念想很快和平靜的現實產生對撞。

《明通鑑》上記載說，李自成想找到高效率的治國之策，就鑄造了專門的銅劍。有老百姓偷稅漏稅，一劍刺死。有老百姓吵架鬥毆，一劍刺死。有老百姓出門散步，一劍刺死。有老百姓不出門，宅在家裡，也是一劍刺死。天下大治，路不拾遺——活著的老百姓全逃光了。

不多時，討厭的吳三桂率五萬關寧鐵騎追至，鬱悶的李自成只好率了三十萬大軍跑路，一口氣逃到湖北。

眼見即將被追上，他果斷命令大部隊掩護，自己率了警衛團抄小道走。

走在路上，遇到對手的特工隊，把警衛團的戰士殺得光光，只好獨自跑到九宮山裡。誰曉得在山中又碰上農民工程九伯，堅持要察看暫住證，李自成加快腳步，被程九伯用更快的腳步追上，殺之。

第 2 章

曇花一現說南明

唐王被殺，南明冒出來兩個地下抵抗領袖，一個是小唐王，另一個是永曆帝朱由榔。中國人習慣於統一領導，這裡出來倆領導人，明顯有點多了。

李自成被清理出局，滿清趁虛而入，而朱元璋的後人仍然在堅持抗戰，首先出場的是福王朱由崧。

福王朱由崧，就是鄭貴妃的孫子。

他的親爹老福王因爲長得太胖，被李自成以削肉減肥法殺了，放在鍋裡煮熟吃掉，連血都喝得乾乾淨淨。小福王是光著屁股逃出來的，一口氣逃到南京，就在那兒登基，成爲南明地下抵抗組織的領袖。

但是，小福王的心思，主要還是關注於生物學研究方面。他發佈的聖旨，大多是吩咐將士們挽起褲腿，去田裡捉青蛙，收集配製春藥的原料。

那麼，這春藥的效力如何呢？

超猛！剛剛服下去，外邊清兵就將南京城包圍了。群臣急忙進來稟報，準備抵抗，卻見福王腰一弓、腿一彎，嗖的一聲，猶如電光石火，已是逃之夭夭。

地下抵抗領導人逃了，守護南京城的四十萬大軍，只好全部接受不足十萬人的清軍的改編，然後浩浩蕩蕩地上路出發，去逮福王。果然不久就將正因藥力發作憋得滿臉通紅的他逮到，一刀砍了。

福王退場後，第二任地下運動領導人唐王出場。唐王朱聿鍵乃朱元璋的第九世孫子。這孩子生下來就倒楣，親爹討厭他，把他關在小黑屋子裡，想活活餓死親兒子。可憐的小唐王生生被餓了十六年，賴著家人偷偷送飯，創下餓十六年而不死的世界紀錄。

紀錄剛剛創下，就又被他自己給打破。

卻說十六年後，小唐王剛剛從黑屋子裡放出來，忽然得知李自成匪幫正在進犯北京，立即組織家丁去援救。途中雙方人馬交手，互有勝負。正打得熱鬧，不提防遇到英勇的錦衣衛，錦衣衛不由分說便上前一頓暴打，當場打得他滿臉開花，被狠狽拿下——大明祖制，藩王不得養兵，如今你竟然率領私家武裝往北京城的方向走，不是造反是什麼？

李自成匪幫太厲害，錦衣衛惹不起，可打小唐王還是不在話下的。倒楣透頂的他被扭送鳳陽大牢，又餓飯八年，改寫了先前的餓不死紀錄——不過活了四十三歲，卻足足在大牢裡餓了二十四年的飯，也算不枉此生了。

到得福王退場，小唐王接手出任地下抵抗組織的領導人。但他的屁股剛一沾到龍椅上，流寇就趕來了，直接將他亂刀分屍，連妃子、孩子也未能倖免。

流寇很兇很壞的，建議不要招惹。

唐王被殺，南明這邊一傢伙冒出來兩個地下抵抗領袖，一個是唐王的弟弟，就叫他小唐王好了。另一個是永曆帝朱由榔。

中國人習慣於統一領導，出來倆領導人，明顯有點多了。那就幹掉一個吧！

小唐王下令，「我忠實的海盜們，揚帆出海，打掉永曆頑軍！」

永曆帝這邊也下令：「勇敢的海盜們，立即出發，打掉唐王僞政權！」

原來這兩個地下領導人，帶領的部隊清一色海盜——沒辦法，南明已經被李自成的流寇攆到了海邊，李自成的人後來又都成爲清兵。地下抵抗運動這邊，非用海盜湊數不可。

一聲令下，雙方戰於廣東三水。

唐王海盜大敗，永曆海盜窮追不捨，追至海口，被殺了個回馬槍，使用火攻之術，竟遭到全數殲滅。

正當唐王沉浸在勝利的喜悅中，忽然外邊嘩啦啦殺來許多流寇，原來是李自成的部衆趕到。他只好越城而逃，卻又如何來得及？落入敵手，憤然自盡。

南明的地下領導人總算統一在永曆帝身上，可流寇大至，擠得他無處立足，只好去緬甸旅遊觀光。哪曉得緬甸部落的大酋長相當可怕，一把將他身邊的人殺得精光，然後把他綁起來，折價賣給了吳三桂。

永曆皇帝被勒死，他的女兒妻子全被接到北京城，安置在大宅院裡，開始和女真滿清人實現民族大融合。

至此，朱氏家族對中國的政治影響徹底消除，一如朱元璋出世之前。

・全書完

群星會

196

明朝實在很爆笑全集
下卷：帝國異變．寂寞終曲

作　　者　霧滿攔江
社　　長　陳維都
美術總監　黃聖文
編輯總監　王　凌
出 版 者　普天出版社
新北市汐止區康寧街 169 巷 25 號 6 樓
TEL / (02) 26921935 (代表號)
FAX / (02) 26959332
E-mail：popular.press@msa.hinet.net
http://www.popu.com.tw/
郵政劃撥 19091443 陳維都帳戶
總 經 銷　旭昇圖書有限公司
新北市中和區中山路二段 352 號 2F
TEL / (02) 22451480 (代表號)
FAX / (02) 22451479
E-mail：s1686688@ms31.hinet.net
法律顧問　西華律師事務所．黃憲男律師
電腦排版　巨新電腦排版有限公司
印製裝訂　久裕印刷事業有限公司
出 版 日　2020 (民 109) 年 7 月 第 1 版
ISBN◎978-986-389-728-6　條碼 9789863897286

國家圖書館出版品預行編目資料

明朝實在很爆笑全集 下卷
霧滿攔江著. 一第 1 版. 一：新北市, 普天
109.07 面； 公分. - (群星會；196)
ISBN◎978-986-389-728-6 (平裝)